Ingrandimenti

Gianna Schelotto

UOMINI ALTROVE

Storie di cinquantenni in fuga

MONDADORI

Dello stesso autore
nella collezione Ingrandimenti

Matti per sbaglio
Strano, stranissimo, anzi normale
Una fame da morire
Caino il buono
Certe piccolissime paure
Il sesso, probabilmente
Perché diciamo le bugie
Nostra ansia quotidiana
Equivoci & sentimenti
Per il tuo bene
Distacchi e altri addii

www.librimondadori.it

ISBN 88-04-51616-X

I edizione gennaio 2004
II edizione febbraio 2004

Indice

Uomini altrove

A Ilaria

«In quel preciso momento l'uomo si disse:
che cosa non darei per la gioia
di stare al tuo fianco in Islanda
sotto il gran giorno immobile
e condividere l'adesso
come si condivide la musica
o il sapore di un frutto.
In quel preciso momento
l'uomo stava accanto a lei in Islanda.»

JORGE LUIS BORGES, *Nostalgia del presente*

L'uomo che piange

Firmò – questa volta con mano ferma – l'ultimo modulo sulla riga che il funzionario le aveva indicato con una crocetta; poi con un sorriso gli restituì la penna.

Di colpo, come per magia, la bolla d'ansia che la imprigionava da giorni si dissolse.

Si sentiva libera e leggera. Mentre usciva dal severo edificio, stringendo nella mano la preziosa cartella, era animata da una sicurezza nuova, e tutto il suo corpo – così le sembrava – era partecipe di quell'improvvisa baldanza. Le spalle erette, il mento sollevato come per scrutare qualcosa in lontananza, i capelli al vento, un vago sorriso di sfida sulle labbra.

Era lei quella?

Lei: la tradita, la sconfitta, l'umiliata?

Difficile credere che qualche firma su moduli incomprensibili e una valigetta nella mano potessero operare un così grande miracolo. Eppure, dentro e fuori, tutto le appariva trasformato. Aveva percorso quel lungo viale alberato poco più di un'ora prima senza percepire nulla dello spettacolo incantevole che adesso vedeva. Era proprio la Lugano della vecchia canzone degli anarchici: struggente e dolcissima. Il lago scintillava al sole, increspato dalla brezza lieve di una tardiva primavera. Il cielo era blu, la luce rendeva iridescenti gli ultimi petali dei fiori di ciliegio che volteggiavano nell'aria come farfalle inquiete.

«Sembra una cartolina» pensò.

Affrettò il passo, costeggiò antichi, sontuosi palazzi, poi svoltò in una stradina laterale.

Lì, di colpo, la scena cambiava: c'erano piccoli negozi – un fruttivendolo, una merciaia, un giornalaio – che avevano sciorinato all'aperto la merce, quasi fossero venditori ambulanti. Sembrava un paese del Sud; anche i richiami dei commercianti le suonavano familiari.

Fu quasi intenerita da quel profumo di Mediterraneo, e per questo, forse, non si accorse del ciclista che stava scendendo veloce da una di quelle ripide stradine. Se lo vide addosso all'improvviso, istintivamente scartò, con un movimento troppo brusco e veloce, e perse l'equilibrio.

La valigetta le volò di mano per andare a sbattere su un blocco di cemento messo lì per scoraggiare parcheggi selvaggi, picchiò di spigolo e si aprì a libro, spargendo tutt'intorno i blocchetti di banconote che conteneva.

Lei si rialzò subito, respingendo infastidita l'aiuto del ciclista che stava borbottando qualcosa, delle scuse forse, in tedesco. Si precipitò verso il denaro e frettolosamente cominciò a stivarlo nella valigetta spalancata. Lo fece tenendo la testa bassa, abbassarono la testa anche i negozianti che, in un primo tempo, si erano affrettati verso di lei per aiutarla. Poi – visto il contenuto della valigetta – si erano fermati e avevano distolto lo sguardo, come se avessero sorpreso qualcuno in una situazione molto intima.

Solo l'uomo del garage, che aveva osservato l'incidente da lontano, mentre lei gli porgeva lo scontrino dell'auto, le domandò se si fosse fatta male; e quando la donna mise in moto, alzò la mano in un saluto complice.

«Buon viaggio, signora!»

***

«Una signora? Che signora?»

Claudio era scattato su dalla poltrona, facendo leva con le mani sui braccioli, il corpo contratto come quello di un atleta in attesa dello start.

Di fronte a lui, il pingue funzionario lo guardava con la benevola condiscendenza di chi, nella vita, ne ha viste troppe per provare ancora stupore.

Parlò con voce pacata, lenitiva.

«Sua moglie, penso. Sì, credo proprio che fosse sua moglie...»

«Penso, credo... ma si rende conto? Lei ha consegnato i miei soldi a una sconosciuta e si limita a pensare?»

«Una sconosciuta, no» disse il funzionario, «anzi, a quanto mi dicono i colleghi, qui la signora era molto più conosciuta di lei... Ha telefonato con il previsto anticipo... ha presentato tutti i documenti necessari... l'operazione si è svolta secondo le regole...»

«Siete stati raggirati.» A Claudio la voce tremava: «Escludo nel modo più totale che quella donna fosse mia moglie. Mai e poi mai avrebbe preso a mia insaputa un'iniziativa del genere».

«Non ci resta che procedere alle opportune verifiche» disse placido il funzionario, e sollevò la cornetta del telefono.

Ci vollero cinque minuti, appena cinque, per portare a termine i controlli dovuti.

Non c'era ombra di dubbio: l'operazione era regolare, il denaro era stato prelevato due settimane prima dalla signora Ida Badino cointestataria del conto.

Ida era sua moglie.

***

Al numero di casa rispondeva solo la segreteria telefonica. Il cellulare era spento.

Si fermò a un bar sul lungolago per aspettare che la tachicardia gli desse una tregua. Voleva pensare, riflettere sulla stravaganza di quel che gli stava accadendo. Ma aveva dentro un tumulto di rabbia, dolore e paura.

Ci doveva essere una spiegazione logica, razionale, qualcosa che in quel momento di ansia non riusciva nemmeno a immaginare.

Ida ce l'aveva con lui, e ne aveva tutti i motivi. Ma era pur sempre sua moglie: erano sposati da ventiquattro anni, insieme avevano trascorso più di metà della vita... C'erano stati periodi duri, difficili, ma anche due figli, e momenti molto belli, e cose importanti fatte in due...

Impossibile che gli fosse diventata così nemica da portargli via i soldi risparmiati in anni di lavoro.

***

Era venuto a ritirare il denaro perché aveva già fatto il compromesso per il piccolo alloggio che aveva deciso di acquistare per sé. Non poteva continuare a vivere nello squallido residence dove – dopo essere stato cacciato di casa – si era rifugiato in attesa di decidere che fare della sua vita.

Dell'acquisto aveva parlato alla moglie qualche mese prima, ma lei non aveva voluto cogliere l'elemento di necessità della sua decisione.

«Un nido d'amore per portarci quella puttana...»

Sì, forse, col tempo, Mara sarebbe andata ad abitare con lui, ma per ora il suo solo desiderio era di avere un posto, una casa dove costruirsi degli spazi nuovi, dove cercare un po' di pace...

Il cuore non smetteva di correre. Doveva parlare con

qualcuno, aveva bisogno di buttare fuori tutta la sua angoscia.

«Di mattina l'avvocato è sempre in tribunale» gli disse, con il tono di chi è costretto a ripetere cose ovvie, la segretaria del suo amico Manlio.

Allora chiamò Mara, l'ultima persona alla quale avrebbe voluto raccontare ciò che stava accadendo.

Lei disse esattamente ciò che lui aveva temuto di sentirsi dire: «Non mi stupisce affatto. Finalmente ha gettato la maschera! Mi crederai adesso quando ti dico che tua moglie è una iena. Altro che povera vittima! Vuoi convincerti o no che di te non gliene frega più niente, se mai gliene è importato qualcosa?».

Aveva ingenuamente sperato che Mara non infierisse su di lui, che cogliesse il suo bisogno di essere consolato invece di ripetere gli eterni discorsi.

Non vedeva l'ora di chiudere la telefonata. Era stato uno stupido a raccontarle tutto. Senza dubbio si sarebbe fatta forte di quanto era accaduto. Le aveva fornito un argomento in più, e lei non avrebbe rinunciato a usarlo.

Mara era eccitatissima.

«Devi sporgere denuncia, subito. Hai bisogno di un penalista... deve dirti in che termini... come rispondere a questo furto...»

***

Si era innamorato di Mara tre anni prima, contagiato dalla sua forza, dalla sua arroganza. Con lei si sentiva sempre in gioco, viveva una sfida continua e la viveva con la certezza di vincere.

Questo non gli accadeva più da tanto tempo.

In quel periodo aveva dovuto superare insolite tensioni: voci insistenti in ufficio dicevano che la direzione generale stava preparando uno «svecchiamento» dell'azienda. Ci sarebbero stati numerosi prepensionamenti; l'intenzione era di mandare a casa tutti i cinquantenni. Si trattava di una notizia falsa, razionalmente ne era cosciente: se fosse stato vero, non lo avrebbe certo saputo da chiacchiere di corridoio. Ma si era lasciato turbare da questi assurdi pettegolezzi.

Aveva quarantotto anni e mai prima di allora l'età gli era sembrata un problema. Ora ne percepiva con improvvisa brutalità tutte le implicazioni.

Lavorava in quella società da ventisei anni. Al suo interno, tappa dopo tappa, successo dopo successo, si era costruito un'identità di dirigente freddo e determinato. Era uno degli uomini di punta dello staff: se qualcuno doveva avere dei timori non era certo lui. Ma l'inquietudine non lo abbandonò nemmeno quando poté accertare, al di là di ogni possibile dubbio, che quelle voci erano del tutto infondate.

Aveva perduto sicurezza, non riusciva a prendere decisioni senza prima esitare a lungo, «spiava» i colleghi più giovani per copiarli, per confrontare i suoi comportamenti con i loro. Di notte dormiva male e di giorno era preda di un'ansia pervasiva, che accompagnava tutte le sue scelte.

Di quello stato non parlò a nessuno.

Ida, che si era accorta della sua insonnia, del suo nervosismo, gli faceva mille domande e lo scrutava pensierosa.

Lui negava che esistesse un problema: pensava che misurandosi da solo con quell'oscuro malessere sarebbe riuscito a contenerlo meglio. Se lo avesse condiviso, sarebbe diventato qualcosa di esterno, di oggettivo. Qualcosa di reale, di cui avrebbe dovuto accettare l'esistenza.

***

Mara era uno degli avvocati dello studio legale di cui si serviva la società. L'aveva conosciuta nel corso di una delicatissima trattativa. Era bellissima, elegante, intraprendente. Intrigato dalla sua presenza, Claudio discusse i termini dell'affare con brillante determinazione.

Aveva ritrovato d'un tratto la sua antica spavalderia; lo percorreva una tensione sottile, una sorta di sovreccitazione che spazzò via ogni residua incertezza.

Così era cominciata la storia con Mara.

All'insonnia da ansia subentrò l'insonnia da desiderio.

Non si faceva domande; aveva scoperto un modo nuovo e diverso di vivere, e vi si abbandonò con avidità.

Non ricordava di aver vissuto, nemmeno da giovane, un rapporto sessuale a tal punto travolgente.

Con Mara ogni emozione acquistava un'intensità di cui sino a quel momento non aveva mai avuto esperienza: impetuosa l'attrazione, violento il desiderio, struggente la tenerezza, fluida e immediata la comunicazione.

Persino il lavoro, che per lui era sempre stato la priorità assoluta, gli sembrava meno importante.

In certe mattine di sole aveva chiesto alla segretaria di cancellare dall'agenda tutti gli impegni. Andavano in aeroporto e saltavano sul primo aereo in partenza: per Roma, per Palermo, per Parigi, non importava dove.

Da ragazzo non aveva mai marinato la scuola: quelle fughe improvvisate gli parevano un tardivo risarcimento. Si sentiva un adolescente che lancia la sua sfida al mondo.

***

Ben presto Ida cominciò a nutrire sospetti: se con fatica e solo parzialmente Claudio era riuscito a mascherare la precedente crisi depressiva, molto più difficile gli riusciva nascondere la nuova situazione.

Come spiegarle i bruschi cambiamenti di programma, gli impegni fuori città, i ritardi, le riunioni fino a notte inoltrata?

Ma più di tutto era arduo controllare l'alternarsi di sentimenti contrastanti, tra ombrosi silenzi o improvvisi scoppi di ingiustificata allegria.

Occultare la tristezza è difficile, occultare la felicità è impossibile, pressoché impossibile.

***

Gli interrogatori di Ida si erano fatti stringenti; da parte sua Mara era stupita che lui non ammettesse tutto, e insomma esitasse di fronte a quello che le sembrava lo sbocco naturale della loro storia: una nuova vita a due.

«Ami me, vuoi me... dov'è il problema?» domandava Mara, risentita e ottusa.

E Ida, quando non ebbe più dubbi sulla sua infedeltà: «La vuoi? Prenditela. Ma devi decidere finalmente. O stai con me o esci di casa».

Un vero calvario.

***

Le due donne, ciascuna a suo modo, non cessavano di tormentarlo, ma più ancora lo tormentava la sensazione che entrambe fossero nel giusto e che l'unico a sbagliare fosse lui.

Lo stillicidio dei litigi era un veleno quotidiano, e se l'amore per Mara non ne soffrì, le impazienze di lei ne appannarono un po' lo smalto.

I figli, per fortuna, erano entrambi all'estero per motivi

di studio, ma Ida non aveva mancato di informarli, e lui, ogni volta che tornavano per qualche vacanza, si riprometteva di affrontare l'argomento. Ma ogni volta il momento, per loro, di ripartire arrivava prima che avesse trovato il coraggio di affrontare quella spinosa confessione.

Nei loro mutismi avvertiva un giudizio inappellabile che lo bloccava e al tempo stesso gli forniva un alibi per rimandare.

«Anche questa volta ci porti a cena fuori come se fossimo una vera famiglia?» gli chiedeva Ida implacabile, quando lui, per allentare la tensione, organizzava qualcosa con i ragazzi.

In quelle serate si sentiva ancora parte di una famiglia unita, alla quale non avrebbe rinunciato per nulla al mondo.

Non solo amava i figli, ma, a dispetto di tutto, si accorgeva di amare anche Ida, e di non riuscire a immaginare una vita senza di lei.

Mara era un vento di passione, uno di quei regali che la vita fa raramente e che non possono essere rifiutati. Nei momenti più esaltanti gli sembrava di essere stregato e si illudeva di poter vivere così, «sospeso» tra sogno e realtà, senza rinnegare né l'uno né l'altra.

Solo quando le due donne avevano cominciato a chiedergli, entrambe, una scelta definitiva, si era reso conto, con sconforto, che non voleva scegliere.

***

«Le porto qualcosa, signore?» domandò il cameriere che gli si era materializzato davanti, richiamandolo alla realtà.

«Un bicchiere d'acqua, grazie.»

Subito si vergognò: non posso stare seduto un'ora nel bar più elegante di Lugano e ordinare un bicchiere d'acqua, come se non avessi i soldi per pagare...

Già, i soldi; rifece il numero di casa e quello del cellulare di Ida. Inutilmente.

Intanto un'idea balorda si faceva strada nella sua mente.

Non era possibile che Ida avesse prelevato il denaro per portarglielo via. Aveva solo spostato il conto, per non permettergli di comprare la casa.

Insomma, ancora una volta, il comportamento di Ida mirava a trattenerlo, a impedirgli di andarsene...

Altro che «furto», altro che denuncia: a Lugano, Ida non era andata a riprendersi i soldi, ma lui.

Si sentì riempire da un prodigioso senso di pace.

Chiamò Mara: «Sarò da te fra un paio d'ore» disse. «Andiamo al mare. Ci prendiamo una pausa vera, e giurami che non parleremo di ciò che è successo. Giuralo: neanche una parola.»

I palazzi di Genova

Nei palazzi di Genova si può entrare dall'alto o dal basso, dal pianterreno o dall'ultimo piano. Questa stranezza nasce dal fatto che la città è adagiata sulle colline e gli edifici – quelli più vecchi – ne assecondano i dislivelli, come se fossero dotati di una segreta cedevolezza, di una invisibile quanto misteriosa sinuosità.

Incorporati nella struttura delle case, i declivi delle colline rendono gli edifici genovesi sorprendenti. Al contrario di quanto accade nelle altre città, non sono come appaiono. Un palazzo che da un lato si affaccia su una strada polverosa e angusta, dall'altro lato può aprirsi, alto e arioso, su vedute che sorvolano i tetti di ardesia e arrivano fino al mare.

Il mio studio si trova al pianoterra di una di queste vecchie abitazioni. Chi entra si lascia alle spalle una delle vie più rumorose della città, e si aspetta ambienti bui e pieni di rimbombi. Ma all'interno tutto cambia: quello che si presentava come pianterreno è invece un quarto piano, e la grande finestra, sul fondo della camera, domina un parco di alberi secolari e sempreverdi.

«Ecco una stanza che mi assomiglia!» disse un distinto signore che vedevo per la prima volta. «Questa stanza è diversa da come ci si aspetterebbe... è come me...»; e, di fronte al mio muto interrogativo, scoppiò in singhiozzi.

***

Poi cominciò a raccontare.

Erano passate solo due settimane da quando aveva scoperto che sua moglie, dopo averlo messo alla porta, gli aveva svuotato il conto in Svizzera. E la sua amante che, alla luce dei fatti recenti, non vedeva più ostacoli alla loro convivenza, non riusciva a capire né la sua angoscia né le perduranti resistenze.

***

Chi affronta per la prima volta una psicoterapia deve raccontare a un estraneo, in meno di un'ora, la propria infelicità, passare in rassegna le delusioni, gli errori, le paure e le sconfitte.

Si tratta di un esercizio né facile né indolore.

Ecco perché non è infrequente che nel corso della prima seduta si sia portati al pianto.

Più strano può apparire che, a mostrare la propria intensa vulnerabilità, sia un uomo.

In base a stereotipi duri a morire, si è sempre detto degli uomini che sono poco inclini a lasciarsi travolgere dalle emozioni.

Eppure accade.

Il marito di Ida non era il primo dei miei pazienti a piangere, e non sarebbe stato l'ultimo.

Con l'andar del tempo mi è accaduto sempre più spesso di vedere nel mio studio uomini in lacrime.

Cinquantenni irrequieti

Sottoporsi a una psicoterapia non era, in passato, una decisione frequente tra i maschi.

Ogni tanto ne arrivava qualcuno, trascinato da mogli disperate o astiose, e si limitava a fare la comparsa: ostile, ironico, distaccato.

In quei casi cercavo di convincere le signore dell'inutilità dei loro sforzi. «Si può portare il cavallo alla fontana, ma non lo si può costringere a bere» spiegavo paziente. E spesso, proprio dalla ottusa ostinazione delle donne e dalla resistenza passiva dei mariti, capivo a quale grado di deterioramento il rapporto fosse giunto.

Accade invece, da qualche anno, che gli uomini vengano spontaneamente, decisi a bere fino in fondo un calice che ritengono amaro ma necessario.

A rendere ineluttabili le loro decisioni sembra essere soprattutto la soglia dei cinquant'anni e la crisi, più o meno manifesta, che ne deriva.

***

Quando dico cinquant'anni stabilisco una scadenza convenzionale, comoda come tutte le convenzioni, ma non è detto che la «perturbazione» arrivi sempre e comunque a quell'età.

Con il continuo dilatarsi del tempo la crisi può presentarsi a sessant'anni e anche oltre; e non è detto che non si presenti in anticipo, qualche volta.

Insomma, quando parlo di cinquantenni intendo riferirmi a uomini adulti che hanno di fronte – prossima o remota – la prospettiva della vecchiaia, e che ne sono profondamente turbati.

Il mio interesse per questo tema nasce dal vistoso aumento di «cinquantenni in crisi» che vengono a chiedere, con scelta autonoma, un aiuto psicoterapeutico. In genere non chiedono di essere curati, ma aiutati a capire. Si sentono abitati da turbamenti sconosciuti e ne parlano come se quelle sensazioni fossero entità estranee insinuatesi abusivamente nel collaudato edificio della loro identità.

Prima mai mi era accaduto di incontrare con tanta frequenza lo stesso tipo di problema e lo stesso tipo di richiesta.

***

Lo studio di uno psicologo non è solo un luogo dove uomini e donne vengono a raccontare le proprie pene, legate a vicende squisitamente individuali; è, di fatto, anche una specie di terminal verso il quale confluiscono, in forme più o meno esplicite, i disagi del tempo in cui viviamo. A saperli leggere, a intuirne i nessi e le coincidenze, si può capire con anticipo ciò che si prepara di nuovo, di insolito, di inquietante nella nostra caotica e disorientata società.

Il fatto che le donne abbiano via via abbandonato il ruolo tradizionale di «madri e spose esemplari» e cerchino autonome affermazioni nel mondo economico, sociale, politico non ha cambiato solo il mondo femminile, ma ha inciso – ogni storia contenuta in questo libro lo testimonia, mi sembra – profondi cambiamenti anche nella psicologia dei maschi.

***

Molte ragioni, molti impulsi hanno mosso il mio solidale interesse per i cinquantenni in crisi, e sono all'origine di questo libro.

Oggi gli uomini devono misurarsi con situazioni – affettive, economiche, sociali – molto diverse da quelle che incontravano nel passato; ciò li costringe a inventarsi risposte inedite e spesso confuse, accompagnate da incertezze ed errori.

Ma c'è soprattutto un aspetto che mi sta a cuore: sottolineare la grande sofferenza e il grande smarrimento dei protagonisti di questo libro. Una sofferenza e uno smarrimento che non sempre il pubblico femminile è disposto a considerare.

Forse qualcuno troverà bizzarro che sia una donna, da sempre appassionata di temi femminili, a preoccuparsi di riconoscere e legittimare il dolore e l'angoscia dei maschi non più giovani di fronte alle sfide del tempo che passa.

Ma non esistono psicologi per signore.

Inoltre un fenomeno è tanto più stimolante e degno di considerazione quanto più si presenta come nuovo, o almeno relativamente inedito.

È il caso della «crisi del cinquantenne», che è sempre esistita, ma oggi ha assunto nuove forme e non è mai stata così intensa e così diffusa.

***

Il senso comune usa spesso la parola «crisi» come sinonimo di debolezza, a volte persino di debolezza colpevole.

Si alternano, nei confronti del fatto e della parola, correnti di biasimo o di rimprovero, oppure reazioni di solidale compassione.

In medicina la crisi corrisponde a quella fase della malattia nella quale si decide – più esattamente: il corpo decide – se le forze di autodifesa di cui il paziente dispone siano sufficienti a sconfiggere il male e a mettere in moto il processo di guarigione.

Sul piano soggettivo, andare in crisi vuol dire perdersi in un labirinto di ansie, di passioni, di turbamenti. Si deve doppiare una boa governando tempestosi conflitti tra elementi razionali e spinte emotive.

Questo tipo di «disordine» fa parte della crescita di ognuno di noi. Accade spesso di doversi misurare con «soglie» che implicano scelte, decisioni e distacchi e, altrettanto spesso, accade che certi problemi si risolvano solo in parte o, più semplicemente, si rimandino, si neghino, si proiettino in avanti, in un indeterminato futuro.

I cinquant'anni sono soglia e barriera al tempo stesso: si percepisce con più lucidità che «rimandare» non è più una via praticabile, e d'altra parte ci si sente invischiati più del solito nelle vecchie abitudini.

***

Molti «cinquantenni» si ritengono – nell'amore, nel lavoro, negli affari – guerrieri forti e vittoriosi.

Ma l'imprevisto conflitto che bruscamente li attanaglia – dover scegliere fra ciò che sono diventati e ciò che scoprono di voler essere – è una nuova, insidiosa battaglia che li trova smarriti e incapaci.

Le loro inquietudini consce e inconsce sono ben rappresentate dai sogni che portano in psicoterapia.

***

Un avvocato di cinquantaquattro anni arriva tardi in aeroporto. I portelloni del suo aereo sono già chiusi e i motori rombano assordanti sulla pista. L'intrepido signore non si dà per vinto: come un moderno barone di Münchhausen, salta sulla coda dell'aereo e, a cavalcioni, si libra trionfante verso quel cielo che credeva perduto.

Un dirigente di banca invece, nel sogno, non si muove dal suo ufficio, ma ogni volta che può scava non visto un tunnel sotto la scrivania per aprirsi una segreta via d'uscita che non sia la porta dalla quale tutti si aspetterebbero di vederlo passare.

Un terzo cinquantenne sogna di essere sottoposto a un intervento chirurgico del quale può seguire da sveglio ogni fase. Il chirurgo gli estrae dal petto il cuore che in realtà è un grande gomitolo di lana. «Complimenti» gli dice il medico, «lei ha ancora tanto cardio-filo da poter mettere su una fabbrica di maglioni.»

Pur diversi tra loro, questi sogni evocano tutti la difficoltà e il desiderio di tenere in equilibrio il tempo e la speranza.

I tre sognatori rappresentano oniricamente il desiderio di rimettersi in gioco e la convinzione di avere dentro ancora molto «filo» a disposizione, per tessere di nuovo la propria vita.

I «cinquantenni» di cui racconterò la storia sono persone per le quali il quinto decennio di vita rappresenta un'inquietante mutazione che da una parte li seduce e li attrae e dall'altra minaccia la loro sicurezza e la loro stessa identità.

Ciò che colpisce, nelle loro vicende, non è il manifestarsi della crisi, ma la diversità delle strade che imboccano per affrontare e superare il guado.

***

Vuoi per una forma di rimozione collettiva, vuoi per un muto, condiviso pudore, i cinquant'anni degli uomini sono stati poco esplorati.

Una delle possibili ragioni è che si giudica la psiche maschile più «semplice» di quella femminile, e perciò meno interessante.

Anche il fatto che a quell'età molti uomini si rimettano in gioco, e spesso prendano decisioni emotivamente rivoluzionarie, viene liquidato come segno di egoismo e di irriducibile immaturità.

In realtà sono veri e propri eventi sismici quelli che intervengono nella vita di molti uomini giunti a quella svolta. Tutto ciò che hanno costruito appare loro, all'improvviso, sterile e poco gratificante. Con grande sofferenza si dibattono tra la voglia di andarsene e la paura di cambiare.

Le tensioni emotive troppo a lungo trascurate, o represse perché c'erano cose più urgenti da fare – il lavoro, i soldi, la carriera –, tornano in superficie e premono per essere risolte, o almeno riconosciute.

È a questa età che la «crisi del maschio», cara ai rotocalchi e ai talk show, smette di essere un'etichetta da appiccicare a un gran numero di comportamenti e personaggi, e mostra tutta la sua intricata complessità di prova, di sfida, di passaggio.

***

Benché vissute come problemi individuali, queste «prove» non possono essere separate dai più ampi contesti sociali nei quali si svolgono.

In ogni crisi si sommano, al di là della consapevolezza

del singolo, componenti economiche, culturali, religiose, politiche, ma anche potentemente psicologiche.

I trionfi della tecnologia, la facilità d'uso di alcune delle sue applicazioni, l'idea che tutto sia possibile e raggiungibile finiscono con l'esasperare le frustrazioni, quando ci si confronta non con ciò che si ha, ma con ciò che non si ha, in termini di peso, di potere, di capacità di determinazione.

La dialettica sicurezza-insicurezza è alimentata da una situazione in cui il reale cambia con stupefacente velocità.

Le nazioni sono disorientate. Le frontiere, non solo quelle geografiche o ambientali, ma quelle delle televisioni, dei telefoni, delle monete, sono oltrepassate di continuo.

Quante ansie derivano da queste trasformazioni impietose? Quante dagli infiniti interrogativi che le accompagnano? Per esempio, il dubbio che un giorno non molto lontano gli Stati potrebbero non pagare più le pensioni.

A quanti aggiornamenti e adeguamenti culturali dovremo sottoporci, per non soccombere alla marea di novità che ci minaccia?

A chi si ostina a ignorare questi interrogativi di fondo, la «crisi dei cinquantenni» appare priva di senso; malesseri e conflitti si riducono, per lui, a banali disordini amorosi o esistenziali.

Ogni generazione ha ritenuto di vivere tempi difficili e di dover superare sfide senza precedenti, ma è davvero arduo rintracciare nel passato un periodo altrettanto gravido di sconvolgimenti e di incertezze come quello che stiamo vivendo.

***

Nelle società primitive le crisi di età erano sostenute e accompagnate da una serie di complessi rituali, tali da aiutare l'individuo a neutralizzare le forze distruttive o depressive che ogni passaggio poteva scatenare.

L'intera vita individuale era scandita da età critiche che corrispondevano a pochi snodi fondamentali: la nascita, l'adolescenza, il matrimonio, la riproduzione, la morte.

Quegli elaborati rituali erano un sistema per proteggere sia il singolo sia la comunità dagli effetti disgreganti che potenzialmente ogni crisi comporta.

Ma tra le età individuate come «critiche» – quelle per le quali i riti venivano usati come antidoti o come «vaccini» – non c'è traccia del periodo che passa tra l'età adulta e la vecchiaia. Pochi infatti diventavano vecchi, e il grande rispetto che si nutriva verso gli anziani non era legato solo alla saggezza accumulata con l'esperienza, ma anche e soprattutto al mero fatto che erano sopravvissuti. Una lunga vita era di per sé un segno manifesto del favore degli dei.

Oggi si vive più a lungo, e disponiamo di ogni sorta di strumenti; sembra mancare tuttavia la consapevolezza che una crisi è importante per l'individuo che la vive, ma coinvolge anche la comunità di cui fa parte.

In genere un passaggio di età implica, tra l'altro, una trasformazione dei legami con il gruppo sociale di appartenenza; ma quali nuovi legami, e quali nuovi ruoli, vengono offerti ai «cinquantenni» che non sono più giovani e non intendono sentirsi vecchi?

Cinquant'anni non sono l'inizio della vecchiaia, ma nemmeno l'età in cui ci si proietta verso nuove adesioni a gruppi sociali o professionali. Le domande sulla propria identità, sulle aspettative, sui progetti hanno ricevuto risposta e sono state convalidate dall'esperienza nelle età precedenti, dieci o vent'anni prima.

La revisione critica di quanto si è costruito nel corso della propria vita si scontra con l'ansia di veder vacillare l'immagine di sé e crea una forte resistenza al cambiamento.

È vero che la cosiddetta «terza età» oggi si prolunga nella «quarta» e in molti casi le sue propaggini raggiungono la «quinta»: cosicché i cinquantenni possono legittimamente sentirsi ancora nel fulgore della propria vita. Tuttavia, dal crinale dei cinquant'anni la vecchiaia, a qualsiasi età la si voglia collocare, è diventata più visibile, e questo basta a cambiare l'angolazione e la gittata dello sguardo su se stessi e sugli altri.

Di tale passaggio la collettività non vuole farsi carico.

Una diffusa rimozione impedisce di prendere atto che il disagio dei cinquantenni non è un generico rifiuto della vecchiaia incombente e non produce effetti uguali per tutti: per esempio, la crisi delle donne è ben diversa da quella vissuta dagli uomini; e chi è solo ha certo più ansie di chi fa parte di un gruppo.

È troppo comodo ridurre il problema del malessere maschile a una specie di «adolescenza di ritorno».

A rendere doloroso, contraddittorio e imprevedibile questo passaggio sono, tra l'altro, le ferite inferte al ruolo maschile dalla trasformazione del mondo in cui viviamo.

***

Circa dieci anni fa, ottenne grande successo un libro scritto da una giornalista americana, Gail Sheehy. Il titolo era *Il passaggio muto** e metteva a fuoco la dolente clandestinità a cui erano costrette le donne, al momento di fare i conti con la loro età.

* Gail Sheehy, *Il passaggio muto*, Rizzoli, Milano 1993.

In un mondo ossessionato da immagini di bellezza e di gioventù, dichiararsi non più giovane era un tabù di fronte al quale ogni donna si bloccava, spaventata e timorosa.

Il lavoro della Sheehy era nato sull'onda di una serpeggiante «riscossa» femminile. Questo spiega perché, negli anni successivi, le pubblicazioni sull'argomento si siano moltiplicate, dando luogo a una bibliografia sterminata. Psicologi, giornalisti, medici, scrittori si sono cimentati sull'argomento, con l'obiettivo di abbattere pregiudizi e pudori. Questo «fervore» informativo e formativo ha di fatto trasformato i modelli di comportamento e ha contribuito – grazie anche alle mutate condizioni culturali e alle non proprio disinteressate «nuove frontiere» della farmacopea e della chirurgia estetica – a far delle «cinquantenni» un argomento di libera e consentita discussione.

Per gli uomini non esiste niente di simile; ma i loro problemi sono più acuti anche per un'altra, sostanziale ragione. Nella vita delle donne c'è una soglia biologica – la menopausa – che, come un inesorabile orologio interno, le costringe a prendere atto dei segni della loro età e dei cambiamenti che essa comporta. Rinfrancate dalla caduta del tabù, le donne hanno cominciato a interrogarsi e a confidarsi tra loro, con lo scopo di non sentirsi troppo sole e impreparate. Tutto questo ha consentito a molte di non considerare più i cinquant'anni come un malinconico punto di arrivo; si sono accorte che da quella «stazione» passavano ancora molti treni e che non era il caso di fermarsi, per il resto della vita, sedute sulle proprie valigie, a veder partire gli altri, fossero essi figli in crescita o mariti inquieti.

Nell'esperienza maschile non esistono confini netti come la menopausa; e proprio questa «fluidità», questa inafferrabilità dell'invecchiamento, benvenuta finché consente di ignorare il passaggio del tempo, li fa arrivare disarmati e smarriti al crocevia.

Anche se vivono silenziosamente quel passaggio, le donne ne avvertono nel corpo e nella psiche tutti i segnali, mentre agli uomini è consentito protrarre a lungo – ma, ahimè, non così a lungo come vorrebbero – l'illusione della giovinezza.

Le donne sanno la loro età, gli uomini no.

Mi è spesso accaduto di partecipare a dibattiti e convegni nei quali gli andrologi affermavano, non senza compiacimento, che l'andropausa non esiste. Certo, dicevano, dopo i cinquanta si verifica in genere un calo di testosterone, ma è talmente modesto da non incidere sull'efficienza virile.

Se da una parte questa affermazione può rinforzare negli uomini il sentimento di sé, dall'altra li condanna a confrontarsi con aspettative alle quali risulta sempre più difficile far fronte.

Un famoso slogan pubblicitario esaltava «l'uomo che non deve chiedere. Mai». Da questa superba indipendenza, più decantata che reale, i maschi si sentono spesso imprigionati.

Di chiedere qualche volta avrebbero una gran voglia, ma non sempre riescono a sconfiggere un modello che si portano addosso come una camicia di forza.

L'idea, scientifica o no, dell'eterna prestanza, non solo li condanna all'ansioso controllo di sé, ma sottrae loro quelle energie, quella lucidità e quella fantasia che sarebbero necessarie per inventare nuovi modi di essere in una realtà che si trasforma.

Questa è la situazione, o meglio era, giacché molti segnali ci dicono che sta cambiando. I maschi si interrogano, sempre più ansiosamente, sulle loro dolorose contraddizioni, anche se in qualche caso la consapevolezza continua a essere inceppata dalla vecchia idea che l'esplorazione dei sentimenti non si addica ai veri uomini.

Wakefield

In principio erano le sigarette.

I mariti inquieti uscivano a comprarle e tornavano a casa dopo vent'anni.

L'abbandono del tetto coniugale da parte di uomini esuberanti, scontenti o in cerca di avventura, era ritenuta un tempo una sorta di fatalità.

«Non è azione che, astrattamente considerata, sia infrequente, né senza attenta distinzione si potrebbe dichiararla cattiva o assurda» ha scritto in proposito Nathaniel Hawthorne,* che pur viveva in epoca puritana.

Quelle fughe venivano di solito raccontate con sadico divertimento e – da parte maschile almeno – con una malcelata ammirazione per colui che aveva avuto il coraggio di buttar all'aria le priorità, i valori, gli affetti, per ricominciare tutto daccapo.

***

La caccia, la guerra e l'avventura sono ruoli che gli uomini hanno ricoperto per millenni, e da cui sono scaturiti

* Nathaniel Hawthorne, *Wakefield e altri racconti*, Bompiani, Milano 2003.

i tratti psicologici, emotivi e culturali che hanno caratterizzato per tanto tempo le personalità maschili.

Questo retaggio arcaico, se non giustifica l'arrogante egoismo di chi abbandonava, o abbandona, il tetto coniugale, può almeno in parte illuminarne le radici profonde.

***

In Italia il fenomeno delle fughe e dei ritorni ebbe notevole incremento nei primi decenni del Novecento, complice il sogno americano.

Uomini di ogni condizione sociale, attratti in modo irresistibile dall'idea di ricchezza e di avventura che l'America sembrava promettere, partivano con la speranza di trasformare in modo radicale la loro vita.

Molti però, dopo qualche tempo, smettevano di dar notizie di sé e solo in seguito, da voci che si diffondevano chissà come, si veniva a sapere che si erano costruiti nuove vite e nuove famiglie.

Ricordo con tenerezza, ma anche con stupore, una cugina di mia nonna, Donata, il cui marito era partito per «le Americhe», come diceva lei con aria trasognata, e per anni non si era fatto vivo.

Le rarissime volte che Donata accettava di parlare del marito non mostrava ostilità o risentimento; al contrario, si mostrava sicura di un suo ritorno.

«Uno non può fare bene due cose insieme» diceva con testarda sicurezza. «Se deve far fortuna non può anche pensare a me. Fra noi non c'è bisogno di discorsi. So che tornerà e basta.»

Tornò diciotto anni dopo, povero e malato. Lei lo curò e lo sostenne senza un attimo di esitazione e, almeno apparentemente, senza rancori o rivalse.

***

Una vicenda analoga mi fu raccontata dal regista Gianni Amelio, autore di film indimenticabili come *Il ladro di bambini* e *Lamerica*.

Negli anni 1946-47 – mi disse Amelio – gli uomini del mio paese in Calabria, in prevalenza braccianti, stavano perdendo la terra e la loro identità di contadini. Così molti sceglievano l'emigrazione, non ancora quella verso il Nord – in quegli anni tutta l'Italia era più o meno povera – ma verso le Americhe. Quando mio padre se ne andò, io avevo poco più di un anno. Era partito perché non aveva lavoro, ma anche alla ricerca di suo padre, che era emigrato in America lasciando mia nonna e quattro figli, e là era sparito nel nulla. Così papà era andato, un po' per necessità economica, un po' per ritrovare il nonno, nella speranza di ricevere aiuto e sostegno. Lasciava in paese mia madre, me e la mia sorellina. Dopo mio padre era partito anche suo fratello, cioè mio zio. E mentre quest'ultimo aveva spedito il cosiddetto «atto di richiamo» per farsi raggiungere dalla sua donna, mio padre non ci chiamò. «Tornerà» diceva mia madre, «vedrai che tornerà.» E aspetta, aspetta, aspetta, dopo quindici anni...*

Gianni era un adolescente e subì il ritorno del padre come un autentico sopruso.

«È stato il problema della mia vita» dice ancora oggi.

***

Tutto questo fuggire di uomini si spiega tenendo conto delle condizioni storiche, sociali ed economiche di quel

* Intervista pubblicata su «Sette», magazine del «Corriere della Sera», n. 24, 20 giugno 1992.

periodo. Si fuggiva la povertà, ma non sempre e non solo la povertà.

Ancora oggi, nel terzo millennio, in una società così diversa e per tanti versi più fortunata, certe aspirazioni restano annidate in qualche recesso della mente degli uomini, e irrompono nella coscienza, come lampi improvvisi e rivelatori, a ogni «passaggio» difficile della vita, attizzando oscure attrazioni verso un altrove promettente e sconosciuto.

La voglia di andarsene è ancora lì. Come sogno ricacciato indietro, come tormentosa alternativa, infine, come scelta possibile.

All'origine c'è un disagio che ha a che fare non solo con i rapporti amorosi e familiari, ma anche con il sentimento claustrofobico di una vita scontata e in tutto e per tutto prevedibile: quel che è rischioso e oggetto di fantasia appare infinitamente più attraente di quel che è noto e domestico.

***

Antico è il desiderio di andarsene, ma, in un mondo mutato com'è il nostro, anch'esso assume nuove forme; e la prima novità è che ormai, con una certa frequenza, contagia anche le donne.

Ai tempi dell'uscita per le sigarette le signore non erano neppure sfiorate dall'idea di abbandonare casa, figli e famiglia: sia perché non fumavano, sia perché la mistica della maternità e la dipendenza economica le tenevano saldamente ancorate a un'idea di sé arrendevole e stanziale.

A parte rarissime eccezioni, più letterarie che reali, a nessuna veniva in mente di interrompere la rassicurante continuità di una vita quieta, ripetitiva e protetta.

Ed era proprio la stanzialità femminile che permetteva agli uomini tanta libertà psicologica di movimento.

Si andava via solo sapendo che c'erano in attesa un luogo, una casa, una donna, e che il semplice ritorno sarebbe bastato a ricomporre qualsiasi frattura.

La seconda novità riguarda l'età in cui il desiderio di fuga si presenta. Negli uomini di oggi quell'acuto malessere si presenta con forza intorno ai cinquant'anni, cioè proprio quando i fuggiaschi di una volta tornavano a casa pentiti, stanchi o malati.

A trenta o quarant'anni in genere non si va via di casa: si divorzia, si cambia lavoro, ci si trasferisce da un luogo all'altro.

Soffrendo, s'intende. Ma con la confortante idea di avere davanti a sé il tempo necessario per provare e riprovare, costruire e distruggere, sbagliare e ricominciare.

In chi ha meno di cinquant'anni l'antica voglia di rivoluzionare la propria vita è stata, per così dire, «addomesticata»; il costume ha allargato le maglie dei comportamenti sociali e le leggi hanno sdoganato molte delle antiche trasgressioni.

Tutto questo dovrebbe aver reso possibile un più agevole superamento dei compiti che la vita adulta ci assegna: la costruzione di sé, delle proprie relazioni, del rapporto con il mondo esterno.

Ma di certe inquietudini sembra che si sia solo spostata la soglia. Arrivati alla boa dei cinquant'anni, gli uomini – e anche le donne, seppure in modo diverso – hanno l'impressione che la loro vita sia vuota di senso e avvertono un'inquietudine che li spinge a sognare altri mondi, altre esistenze.

Forse per infedeltà delle cronache si è sempre pensato che i mariti, quando decidevano di «andare a comprare le sigarette», facessero la loro scelta a cuor leggero, senza dubbi e senza rimorsi.

E in parte sarà stato così. Bisogna infatti tener conto che

quegli spensierati fuggitivi erano in media sulla trentina, mentre oggi la tormentosa voglia di scappare prende uomini di cinquant'anni, con una zavorra emotiva ben più greve e ingombrante di quella dei loro baldanzosi predecessori.

La crisi – e questa è la terza differenza tra ieri e oggi – comporta una impari lotta con se stessi; si trascina e si consuma nell'incertezza, nella sofferenza, nella rabbiosa impotenza. A trent'anni le separazioni, gli strappi, i cambiamenti sono dolorosi, ma non strazianti. A cinquanta si è percorsa una strada troppo lunga per poter tornare sui propri passi; per questo un cambiamento richiede coraggio, ma anche una certa dose di ferocia.

Verso se stessi, verso gli altri.

Alcuni riescono, sia pure con mille ripensamenti, a fare quel salto nel buio dal quale sono irresistibilmente attratti; altri invece esitano, resistono e infine si arrendono a una rinuncia gonfia di rimpianti.

***

La maggior parte dei cinquantenni in crisi sceglie tuttavia una terza strada: decide di non decidere. È questo il comportamento più frequente, forse anche perché è emotivamente il meno «costoso».

«Vorrei e non vorrei» è il molesto ritornello dei nostri attempati protagonisti. Il loro sogno sarebbe di andare e restare, lasciare e trattenere, controllare e abbandonare... vorrebbero risolvere il loro problema ricorrendo a un compromesso che contempli la presenza e l'assenza, come Wakefield, nel racconto omonimo del già citato Nathaniel Hawthorne.

> È il crepuscolo di un pomeriggio di ottobre. Egli indossa un soprabito grigio, ha un cappello di tela incerata, ha l'ombrello in una mano e una valigetta nell'altra.

Ha detto alla signora Wakefield che sta per prendere la diligenza della sera per la campagna. Ella vorrebbe ben chiedergli la durata del suo viaggio e l'ora probabile del suo ritorno: ma, indulgendo al suo innocuo amore del mistero, lo interroga solo con lo sguardo...*

Wakefield tornerà a casa vent'anni dopo con l'imperturbabile tranquillità di chi è uscito la sera prima.

Troverà tutto come lo ha lasciato: il calore del caminetto acceso, la pace della sua casa e la muta, devota assistenza della moglie.

Ma il tempo che ha trascorso «in libertà» non lo ha impiegato per costruirsi una vita diversa ed eccitante. Semplicemente è andato a vivere in un piccolo appartamento in affitto, a qualche isolato di distanza.

«È nella strada prossima alla sua. Il viaggio è già finito.»

In realtà il signor Wakefield se n'è andato senza andarsene. Quando è uscito di casa, lui stesso ignorava che ne sarebbe rimasto assente tanto a lungo.

Ogni giorno ripeteva a se stesso: «Tornerò domani», e intanto si lasciava rotolare gli anni addosso.

La monotona vita parallela che si era costruita gli consentiva di conservare «la sua parte di affetti umani e di interesse alla vita...».

***

Molti cinquantenni sognano di poter differire le scelte, di evitare il dilemma; se e quando vanno via da casa, lo fanno con un progetto meno indefinito di quello del signor Wakefield.

* Nathaniel Hawthorne, *Wakefield e altri racconti*, cit.

Sanno o sperano di aver fatto la scelta più vicina ai loro desideri, ma ne sono ugualmente spaventati, e vorrebbero portarsi dentro la garanzia di poter sempre e comunque ritornare sui loro passi.

È questo forse che li fa sentire perennemente «altrove».

Non riescono a stare dove le loro donne li vorrebbero, ma non sono neanche sicuri di star bene dove sono e hanno l'impressione che si sentirebbero meglio in un luogo altro e diverso.

Una specie di morbillo

Germano ha cinquantaquattro anni e dirige brillantemente l'azienda ereditata da suo padre. È un uomo di successo, colto, vivace, intelligente.

Ama la moglie Claudia e per nulla al mondo vorrebbe perderla.

Ed è per amore di lei – così almeno dice – che da circa otto anni ha una relazione con una donna che di Claudia è l'esatto opposto.

«La tradisce per amore?» gli domando, fingendo di non capire.

«Certo. Per evitare che nascano delle tensioni tra noi. Se riesco a trovare fuori quello che mi manca in casa, posso sentirmi appagato...»

Della sua amante gli piace la semplicità, il non porre mai problemi, il contagioso ottimismo. È sensuale, libera, disinibita. Lo eccita la «sfrenatezza» dei suoi comportamenti, sia a letto sia fuori.

Così descrive la sua amante: «Mi piace perché è una donna priva di qualsiasi complicazione intellettuale. Ciò che mi dà è allo stato puro: puro sentimento, puro sesso».

Germano è un raffinato intellettuale.

Con la moglie ha in comune la passione per l'arte, per i viaggi, per le cose belle.

I loro rapporti sessuali si sono col tempo molto diradati, ma Germano pensa che sia normale, tra persone sposate da quasi trent'anni.

Claudia è sensibile e intelligente, ma ha ricevuto un'educazione rigida, e di tanto in tanto il suo carattere si rivela spigoloso fino all'intransigenza.

Germano teme i giudizi della moglie, pur riconoscendo che in genere gli muove rimproveri fondati. Con lei si sente spesso inadeguato e meschino.

«Negli occhi di mia moglie scopro un'immagine di me che non mi piace. Vedo nel suo sguardo tutti i miei difetti e mi pare di riflettermi in uno specchio deformante.»

«Cosa ha visto nello sguardo di Claudia quando lei ha scoperto la sua infedeltà?»

«Il peggio di me, ma anche il peggio di lei. La rabbia. Il disprezzo. Il risentimento. Non un'ombra di sofferenza, non un palpito di amore...»

Non è vero, naturalmente, che non ci sia dolore nelle reazioni della moglie, ma è una persona orgogliosa e determinata, e non può accettare compromessi. Esige che suo marito rompa immediatamente il rapporto con l'amante e lui, senza opporre resistenza, giura di chiudere la relazione e implora il suo perdono.

«Le assicuro che ero in buonafede!» mi dice. «Avevo veramente intenzione di provare, almeno provare, a non vedere mai più quella donna. Ho resistito quasi un mese, senza cercarla nemmeno per telefono. Con Claudia mi sembrava che le cose andassero meglio; avevamo persino ripreso i rapporti sessuali...»

«E poi?»

«Poi mi sono fatto beccare come un idiota mentre mandavo un SMS. Era la prima volta che trasgredivo... Claudia è diventata una furia. Mi ha coperto di insulti e di minacce. Non ho retto a tutto quel livore. Non ho sopportato che mia moglie mi guardasse come un mostro. Così mi sono arreso senza condizioni al desiderio che avevo dell'altra e sono tornato nel suo letto.»

Dopo aver ripreso la relazione Germano si dibatte tra sotterfugi e bugie. Cerca di minimizzare i rischi e usa la massima prudenza. È atterrito dall'idea di essere ancora scoperto da Claudia, e forse proprio questo alimenta la sua eccitazione.

Quando, com'era inevitabile, la moglie si rende conto dei nuovi e ripetuti inganni, gli chiede di andarsene di casa e si rivolge a un avvocato per avviare le pratiche di separazione.

È a questo punto che Germano entra in crisi. Non riesce ad accettare l'idea di andar via, non vuole cambiare la sua vita in modo così radicale.

Germano si dispera per la spietata determinazione di Claudia. È convinto che, se gli volesse bene, accetterebbe il tradimento come una specie di malattia dalla quale prima o poi lui guarirà.

«Amo solo mia moglie. Com'è possibile che lei non veda una cosa tanto evidente? Perché si fa accecare dall'orgoglio?»

«Abbiamo una casa doppia» aggiunge, «composta dal nostro appartamento e da quello attiguo dei miei suoceri. Dopo la loro morte ne abbiamo ricavato un unico grande alloggio. Perché devo andar via? Non posso restare a vivere in una parte della casa?»

Claudia è irremovibile: «Non ci sarebbe separazione se lui fosse sempre lì».

Nel piccolo appartamento che è stato costretto ad affittare, Germano vive malissimo. Gli incontri con la sua amante si sono intensificati sia per l'imprevista libertà sia per l'oppressione della solitudine, ma non riescono a placare la sua angoscia.

Dopo un paio di settimane si ammala: una misteriosa febbre che non si riesce a domare nemmeno con gli antibiotici.

Gli amici e i parenti formano una specie di «comitato», come lo chiama sprezzantemente Claudia, e la supplicano di riammetterlo in seno alla famiglia. Lei non cede, perché indispettita dal nuovo atteggiamento del marito. Germano si è messo a difendere la sua relazione e la proclama innocua, meritevole di pazienza e di comprensione.

«Perché non può aspettare che passi? Perché non considera la mia crisi come una specie di morbillo?» si domanda, querulo.

Tra litigi, accuse e recriminazioni trascorre più di un anno. Le pratiche per la separazione procedono.

Germano è costretto a misurarsi con tutti i problemi del single. Scopre di non essere affatto autosufficiente: è disorganizzato e distratto. Dimentica gli abiti in lavanderia, va a comprarsi da mangiare quando i negozi sono chiusi e spesso gli capita di stupirsi, al mattino, quando non trova nel cassetto la biancheria pulita.

«Ho vissuto come se i cassetti del comò producessero da soli quel che mi occorreva... la camicia, i calzini, la cravatta del colore adatto» dice, con dolorosa autoironia.

Dopo i primi mesi di separazione, queste quotidiane e per lui drammatiche difficoltà, invece di deprimerlo, lo scuotono. La riflessione su se stesso e sulla dipendenza nei confronti di Claudia comincia dalle camicie non stirate e si estende alle emozioni, alle immagini di sé, al suo modo di essere e di pensare.

Si rende conto che il suo rapporto con Claudia era fondato sull'inerzia. Tutti gli spazi che la moglie occupava erano spazi lasciati liberi da lui. Le aveva dato una delega in bianco non solo per la gestione degli affari domestici, ma anche per le emozioni più profonde.

Si era persino diviso in due – la parte seria e intelligente alla moglie, quella ludica e sessuale all'amante – per evitare il confronto con un'integrità emotiva che lo spaventa.

Quella frattura sarebbe durata per il resto della vita se, a cinquant'anni suonati da un po', non si fosse imbattuto nell'imprevisto che mette in crisi tanti uomini nella sua situazione.

***

L'imprevisto sono le donne e i loro epocali cambiamenti.

Quando gli uomini se ne vanno – lo abbiamo già detto – hanno più o meno inconsciamente bisogno di sapere che le mogli resteranno rassegnate e fedeli, ad aspettare il loro ritorno; o, almeno, che cadranno in un abisso di disperazione.

Questo non è solo, come spesso ci si affretta a pensare, un segno di egoismo o di superficialità, ma ha a che fare con l'arcaico convincimento che il nomadismo maschile abbia come controparte la stanzialità femminile.

Ulisse correva per il mare, ma la sua identità era ben protetta da Penelope che faceva e disfaceva la tela.

Gli uomini del West, quando prendevano il fucile e montavano a cavallo per una delle loro lunghe scorrerie attraverso il Nuovo Mondo, contavano sulle donne che avrebbero guardato la terra e allevato i figli.

Le cose non stanno più così: un processo di trasformazione è in atto da molto tempo, anche se gli uomini lo registrano solo quando ne sono direttamente toccati.

Dieci anni fa capitava di vedere, nello studio degli psicologi, mogli infelici, oltraggiate, distrutte dal fatto che i mariti le avevano tradite e abbandonate scegliendosi compagne più giovani e compiacenti. Ciò che chiedevano era una ricetta, una strategia che le aiutasse a placare l'angoscia e a riportare a casa il «mascalzone», sul quale, peraltro, non nutrivano più illusioni: erano cariche di rabbia nei suoi confronti e gli attribuivano pochezza, immaturità ed egoismo. Ma lo volevano lo stesso, a qualsiasi costo: era il loro uomo e non sapevano immaginare una vita senza di lui. La prospettiva della solitudine e della depressione le atterriva profondamente.

Oggi, sempre più spesso, le donne abbandonate, quando consultano lo psicologo, non chiedono «formule» per riavere il marito, ma vogliono essere aiutate a sanare la ferita narcisistica dell'abbandono.

Il loro scopo è capire di più e soffrire di meno.

Certo, ci sono ancora mogli che non si rassegnano e supplicano, piangono e aspettano; ma le altre sono ogni giorno più numerose.

Questa rottura del «protocollo» è uno dei motivi che inquietano maggiormente gli uomini quando si apprestano a partire chissà per dove, chissà perché.

***

La fuga che Germano voleva intraprendere era come quella del signor Wakefield. Due stanze più in là e il suo viaggio era già finito.

Ma, suo malgrado, la pulsione trasgressiva era diventata alla fine un viaggio vero.

Un sorprendente viaggio nella propria psiche.

Ora poteva misurare tutto il risentimento covato nei confronti di lei durante i lunghi anni di convivenza matrimoniale, e la nuova chiarezza consentiva una riapertura di credito tra loro.

Come per caso

Per il cinquantesimo compleanno Michele aveva avuto la sua bella festa a sorpresa. Lucia aveva invitato tutti: genitori, amici, vicini di casa, colleghi. Aveva fatto di più: era andata a scovare un paio di compagni degli anni del liceo che Michele aveva col tempo perso di vista, pur serbandone un caldo e affettuoso ricordo.

Forse fu proprio l'incontro con quei due a mettergli addosso un insopportabile senso di oppressione.

Con loro aveva condiviso giorni che ora gli sembravano «gloriosi»: le rivolte studentesche, le ragazze, i primi squattrinati viaggi all'estero.

Ora li rivedeva nelle vesti di anziani signori, grigi, spenti e banali.

Uno di loro era addirittura già nonno e, del tutto inconsapevole della noia che suscitava negli interlocutori, non la smetteva di parlare del nipotino.

L'altro aveva avuto problemi di salute e il suo aspetto dimostrava che si era trattato di problemi gravi.

***

Quella sera, quando finalmente anche l'ultimo ospite se ne fu andato, ebbe la prima vera, furibonda lite con sua moglie. Senza un reale motivo.

Lucia cercava di difendersi da quell'aggressione violenta e incomprensibile: «Questo è il ringraziamento...», «Ti comporti come un bambino...», «I cinquant'anni ti hanno dato alla testa...».

L'assoluta prevedibilità delle parole e dei comportamenti di lei gli scatenavano dentro un inferno di rabbia e di malessere.

***

Forse sua moglie aveva ragione quando diceva che si era trattato di una lite con il calendario. Michele avvertiva che da quella sera qualcosa era cambiato, dentro di lui.

Era diventato – lui solitamente mite, allegro, accomodante – aggressivo, insofferente e cupo.

Si sentiva oppresso come se avesse un macigno sul petto e questa sensazione era così reale che a volte faticava persino a respirare.

Fu per acquietare l'angoscia che gli veniva dal suo respiro che una sera portò Elena a cena. Era giovane, carina, divertente, spensierata.

Come un diciottenne, fece l'amore in macchina: un'eccitazione intensissima, un sesso febbrile e pasticciato, un piacere travolgente, un profondo sentimento di ridicolo.

Cercò di vedere Elena con qualche regolarità, perché gli sembrava che quelle trasgressioni gli giovassero. Si trattava di un rimedio apparente, lo sapeva, ma confidava che col tempo il suo disagio si sarebbe risolto da solo.

Invece una sera, a sorpresa, tutto si complicò spaventosamente.

«Voglio un bambino» disse sua moglie. «Forse sono ancora in tempo per farlo...»

Michele ne fu atterrito: in ventitré anni di matrimonio l'argomento figli lo avevano affrontato sì e no quattro o cinque volte, e sempre per convenire che, visto come andava il mondo, sarebbe stato da incoscienti fare dei bambini.

Stavano bene insieme, bastavano a se stessi e non avevano bisogno d'altro.

Perché quell'improvviso cambiamento di rotta?

Forse Lucia sospettava qualcosa... forse le avevano riportato pettegolezzi sulla sua tresca con Elena.

Non lasciò trapelare il suo sgomento. Fecero l'amore

come due diligenti scolari fanno i compiti. Lo facevano così da anni.

La cosa peggiore fu assistere, nelle settimane successive, alle anacronistiche manovre di Lucia che scrutava il suo corpo nella speranza di cogliere precoci segnali di gravidanza.

Michele era sorpreso: a quarantatré anni una donna non poteva davvero pensare di restare incinta con tanta facilità.

Stava fingendo?

Stava ingannando se stessa?

Dov'era finita quella compatta prevedibilità che lo aveva tanto infastidito?

Non reggeva all'idea che sua moglie fosse inquieta e che lo fosse a causa sua. Lei era sempre stata forte, adeguata, efficiente, e così aveva assicurato l'equilibrio e la tranquillità del loro rapporto.

Ma qualcosa si era rotto tra loro, e lui si accorse di non farcela più.

***

Ogni volta che il livello della tensione gli montava dentro, correva da Elena, ma dopo stava anche peggio perché ormai era chiaro che Lucia aveva dei sospetti.

Dimagriva a vista d'occhio; i suoi occhi, solitamente luminosi e accesi, erano diventati opachi. Aveva occhiaie fonde e bluastre e persino i capelli avevano perso brillantezza e volume.

Lucia era sempre stata bellissima; vederla imbruttire sotto il peso di una muta infelicità era per Michele insostenibile.

La mattina in cui lei ebbe la conferma di non essere incinta, uscì dal bagno affranta.

Nel vederla così provata Michele avvertì, o credette di avvertire, un moto di amore profondo: cercò di consolarla, di rassicurarla. Quando lei gli chiese se c'era qualcosa tra lui e quella Elena che lavorava nell'ufficio accanto al suo si portò solennemente la mano al cuore e giurò la sua indefettibile fedeltà.

Subito gli tornò l'oppressione: non poteva vedere sua moglie soffrire, ma non riusciva nemmeno a pensare di continuare a trascinare la vita con lei.

I suoi incontri con Elena diventarono più frequenti: di mattina, di sera, di notte.

Più bugie inventava, più Lucia s'incupiva; più lui si sentiva vessato, più aveva bisogno dell'altra donna.

«Mi ami?» gli chiedeva Elena di tanto in tanto.

Amarla?

Certo che no.

Lui era stato innamorato solo di Lucia; tutta la sua riserva di amore si era esaurita in quel lungo rapporto.

Ma, allora, cos'era l'ansia da ragazzino che lo coglieva quando passava un po' di tempo senza vedere la sua giovane amante? Cos'era questa esplosione scombinata di cervello, ormoni e chiaro di luna?

«Ti amo moltissimo» rispondeva con enfasi ogni volta, e con quella franca bugia gli sembrava di esorcizzare i mostri che la sua mente partoriva.

«Al punto di lasciare Lucia?» continuava implacabile Elena.

Avrebbe lasciato sua moglie?

Avrebbe messo fine a un matrimonio che era stato perfetto, esemplare, felice?

Sì, forse lo avrebbe fatto, prima o poi.

Aveva bisogno di tempo.

Di tempo, di coraggio, di malvagità.

Intanto continuava a far l'amore con Elena e un pomeriggio si accorse di aver dimenticato di passare in farmacia per comprare la solita confezione di preservativi.

Decise che, per quella volta, sarebbe ricorso al metodo contraccettivo più antico del mondo. Ma, al momento, venuto il momento, dimenticò quel proposito, tanto era forte il desiderio.

«Non sarà una volta...» pensò.

La fece franca, e quell'evento fortunato lo convinse – vista anche l'esperienza con Lucia – che le gravidanze non fossero poi una cosa tanto facile e frequente.

O, forse, lui non era più fertile.

Sostenuto da questa illazione, osò sempre più spesso, fino a convincersi, visto che non succedeva niente, di essere magicamente protetto da certi infortuni.

Passarono solo due mesi prima che Elena, trionfante, gli annunciasse di aspettare un bambino.

***

Non una scelta consapevole, e nemmeno la forza del desiderio hanno provocato il terremoto nella vita di Michele. O almeno a lui sembra così.

Non ammette di essere innamorato, si difende dall'idea di aver cercato di essere felice.

È convinto di aver mandato a monte il suo matrimonio solo perché è un galantuomo e ha dei doveri verso la ragazza e verso il figlio che lei aspetta. Andare a vivere con la sua giovane amante non lo elettrizza per niente; men che meno avere un figlio da lei.

Questo racconta a se stesso.

Delle sue azioni dà un'interpretazione fatalista: si è affidato agli eventi e ne è stato travolto.

Si tormenta per il dolore terribile che ha inflitto a sua moglie e dice di rimpiangerla molto. Allo stesso tempo, però, sostiene che gli era necessario cambiare qualcosa, perché si sentiva troppo oppresso e infelice.

L'indefinibile angoscia di Michele si è espressa attraverso un comportamento che gli psicologi definiscono *acting out*; in altre parole, un comportamento dettato dal bisogno inconscio di compiere azioni che portino fuori, lontano dal nucleo profondo dei propri problemi.

I gesti, più dei pensieri, hanno determinato in lui quei cambiamenti che non sapeva o non voleva affrontare direttamente.

Qualcosa di simile accade a molti uomini della sua età che attribuiscono i propri misteriosi malesseri, di volta in volta, a un ménage troppo ordinato e prevedibile, a una moglie severa e distaccata, a un lavoro che non offre più stimoli.

Se le loro spiegazioni sono così confuse, forse è perché, al centro di tutto, vi sono alcune ansie semplici e terribili, ma di cui è difficile parlare: quelle legate all'invecchiamento e alla morte.

Sono queste paure ad aspettare al varco i cinquantenni, e a renderli così irrequieti.

È un'irrequietudine in tutto simile a quella di cui parla lo scrittore Gabriel García Márquez quando evoca il «periodo incerto in cui vagavo per mezzo mondo, senza meta né direzione, alla ricerca di qualcosa di fondamentale per la mia vita che non avrei mai trovato perché non riuscii mai a sapere per certo di che si trattasse».*

* Gabriel García Márquez, *Io e il mio ritratto*, in «la Repubblica», 27 agosto 2003.

Gli eterni figli

Dolce è il sollievo: toglie peso alla vita e rende più lieve ogni cosa. Ma non è adatto a un funerale, tanto meno a quello della propria madre.

Per tutta la mattina Sergio aveva lottato silenziosamente contro un assurdo senso di sollievo e leggerezza che affiorava a tradimento e prendeva il posto, come un cuculo in un nido di passeri, dei più legittimi sensi di angoscia e di dolore.

La chiesa non riusciva a contenere la folla: molti erano rimasti fuori e si erano distribuiti sul sagrato in piccoli gruppi impegnati in sommesse conversazioni.

All'arrivo del corteo di auto, dopo un iniziale trambusto, tutti assunsero un atteggiamento compunto e fecero ala, per consentire il passaggio del feretro e dei parenti al seguito.

Sergio camminava piano, gli occhi bassi, il passo corto. Sulla soglia della chiesa fu preso dallo sgomento: quelle persone erano lì per lui; alcune per sincera partecipazione, altre per conformismo o per dovere. Ma erano davvero tante e provò un senso d'oppressione, come se ognuna di quelle presenze accrescesse le sue responsabilità.

«Altro che sollievo!» pensò, compiaciuto di ritrovare in sé sensazioni spiacevoli più adeguate all'occasione.

Gli era accaduto più volte, negli ultimi mesi, di immaginare i funerali della madre, ma aveva sempre riflettuto su ciò che avrebbe fatto o sofferto, non sulla presenza o sui comportamenti degli altri.

Giuliana, la sua segretaria storica, aveva pensato a tutto. I posti erano stati assegnati come a una conferenza stampa. Mancava solo che avesse sistemato i cartoncini con su scritto: «Riservato».

L'organo aveva cominciato a suonare nel preciso istante in cui la bara era entrata. Il brano prescelto – Šostakovič – era fra i preferiti dalla madre.

Sergio non si stupì: era abituato all'efficienza di quella sua segretaria onnisciente. Non si domandò nemmeno come facesse a conoscere le preferenze musicali di sua madre.

Gli bastò dare un'occhiata sommaria per capire che i posti a sedere erano stati distribuiti con un senso raffinato delle gerarchie: nessuno avrebbe avuto motivo di ritenersi offeso.

I fiori – tanti – erano rigorosamente gialli e azzurri; anche di questo si era ricordata l'impagabile Giuliana.

Per ogni data speciale – onomastico, compleanno, festa della mamma... – era lei che si occupava dei fiori per sua madre. Si limitava solo a ricordargli la ricorrenza e a informarlo che li aveva mandati.

«Gialli e azzurri, come al solito...»

Dio solo sa come facesse a trovare fiori di quei colori in qualsiasi stagione dell'anno.

***

«Ci sono il sindaco e l'assessore... saluta!» gli sussurrò Paola, sua moglie, che gli stava camminando accanto, nell'angusto corridoio formato da due ali di folla stipata.

Automaticamente alzò la testa e stirò le labbra in una specie di mesto sorriso, cercando di non incontrare lo sguardo dei possibili interlocutori.

Ricordò che un tempo anche sua madre gli aveva suggerito chi salutare. Ne riudì la voce: «Di' buongiorno alla signora». E Sergio, che allora era piccolo, salutava con un bel buongiorno, composto e ubbidiente.

Una specie di scimmiotto ammaestrato.

***

Era stato, anche dopo, un burattino sapientemente manovrato dalla mamma?

Ecco uno dei pensieri molesti che lo avevano tormentato da quando aveva saputo che lei aveva poco da vivere.

Lo assalivano a tradimento e illuminavano, come lampi impietosi, sentimenti segreti, che non sapeva di avere. La mamma in realtà era stata una donna straordinaria: tenace, indomita, coraggiosa e al tempo stesso dolcissima. Solo grazie a lei era diventato l'uomo che era.

***

La segretaria gli venne incontro. Era tutta presa dalle sue funzioni. Nemmeno si preoccupava di mostrare dispiacere o cordoglio: ciò che contava, in quel momento, era che l'organizzazione fosse perfetta.

Gli indicò il banco in prima fila nel quale dovevano sedersi: lui, la moglie e la figlia. Gli passò il testo di qualche preghiera che doveva essere letta collettivamente. Gli sussurrò alcune norme di comportamento, come già si era preoccupata di fare sua moglie.

«Il funerale durerà circa cinquanta minuti, dottore. Dopo dovrà ringraziare e salutare un po' di persone, solo le più importanti; ci vorrà, diciamo, un'altra mezz'ora...»

Invece di prendere posto accanto a lui, Paola si attardò da un lato, in un chiacchiericcio fitto e sommesso con Giuliana: stavano certo parlando di dettagli organizzativi. Quella scena lo irritò: anche se non era prostrata dal dolore, sua moglie avrebbe dovuto mantenere un contegno più consono alla circostanza, anziché misurarsi in una gara di efficienza con la segretaria.

«Di' alla mamma che venga vicino a me...» sussurrò piano alla figlia.

Lei fraintese la sua richiesta e gli strinse forte la mano: «Sono qua io, papà. Non temere, ci sono io...».

«Grazie Lidia...» disse suo malgrado, intenerito dall'ingenuità della ragazza.

***

Finalmente Paola prese posto e la cerimonia cominciò. Sergio restò in piedi, cercando di decidere come avrebbe dovuto tenere le braccia.

Conserte no! La mamma avrebbe ritenuto quel gesto una insopportabile sciatteria; ma non poteva nemmeno restare sull'attenti... In fondo per tutta la vita lei lo aveva, sia pure amorosamente, tenuto sull'attenti.

Dei numerosi cattivi pensieri che lo tormentavano, quello di sentirsi sollevato era il più inaccettabile. È una forma di difesa, si ripeteva: sembra sollievo ma è disperazione camuffata.

«Perché non ti siedi?» gli domandò Paola. «Fai come fanno tutti... Così impalato, sembra che tu voglia attirare l'attenzione...»

Obbedì in silenzio.

Don Giacomo stava ricordando agli astanti le grandi

virtù della defunta. Non c'era nulla di eccessivo in quel discorso, stava dicendo solo cose vere; e quando il prete parlò di lui come dell'«amatissimo figlio» sentì un groppo di commozione alla gola e si coprì il viso con le mani.

A dispetto dei pensieri che lo molestavano, era certo che la mamma gli sarebbe mancata moltissimo. Non riusciva nemmeno a immaginare che piega avrebbero preso le sue giornate senza le decine di telefonate quotidiane, le raccomandazioni, i rimproveri, i consigli, le suscettibilità di lei.

Paola era l'esatto contrario di sua madre: dura e severa quanto la mamma era accomodante e tenera. Eppure, per tanti versi, ne era un'erede perfetta: come sua madre, gli dava sicurezza e lo faceva sentire protetto.

Ma non lo abbandonava la sensazione che, a dispetto dei suoi cinquant'anni, la perdita della madre avrebbe fatto franare molte delle sue sicurezze.

***

La messa era finita. Don Giacomo venne ad abbracciarlo e altri fecero lo stesso. Il rito delle strette di mano, delle parole di conforto, dei saluti e dei commenti gli sembrò interminabile.

Poi salirono in macchina per proseguire verso il cimitero.

Alla fine di tutti quegli adempimenti, Sergio prese Giuliana in disparte.

«Non verrò in ufficio per qualche giorno...»

«Ma, dottore, mi aveva detto che solo oggi... domani dovrebbe essere a Roma per l'incontro con gli americani...»

«Si arrangi, cancelli tutto... Io... io non posso...» La voce gli si era rotta suo malgrado. Se ne stupì: non si riconosceva in quelle capacità da attore consumato.

La donna ne fu toccata; il suo lato materno prevalse, lo rassicurò commossa: «Non si preoccupi. Qualcosa mi invento. Ma lei deve farsi animo, dottore. La signora Margherita non vorrebbe vederla in questo stato...»

«Già» fece lui pensoso, «forse non sono mai stato come lei mi avrebbe voluto... Mi ascolti, Giuliana: ho bisogno di uno stacco. Non mi chiami né a casa né sul cellulare; per nessun motivo. Ce la farà? Me lo promette?»

«Ma se...»

«Se, niente. Lei ha risolto sempre tutti i problemi. So che può farcela. Chiamerò io, intesi?»

Giuliana era sconcertata, ma sapeva che il rapporto del suo capo con la madre era qualcosa di molto speciale. Pensò che fosse sconvolto dal dolore e provò una profonda pena per lui. Doveva assecondarlo, anche se il suo impulso era richiamarlo al dovere e impedirgli di fare errori. Andò a salutare gli altri e si allontanò insieme ai pochi colleghi che erano andati fino al cimitero.

Sergio si avviò verso l'auto con Paola e Lidia. L'autista aprì premuroso la portiera: «Ha visto che *tripudio*, dottore?». Poi, come parlando a se stesso, chiarì: «Che *tripudio* di gente...».

Paola guardò suo marito con un sorriso ammiccante, e lui pensò che era la prima cosa calda che corresse tra loro, in quella difficile giornata.

«Vengo a casa a prendere la valigia. Giuliana ha provato a disdire i miei incontri con gli americani. Ma è stato impossibile. Devo andare...»

«Non pensarci neanche» ribatté la moglie. Paola era irritata: «Ci sarà un viavai di gente, un tempestare di telefonate. Non posso rispondere per te...».

«Mi dispiace. Devo andare.»

«Lascialo andare, mamma: forse riprendere subito il lavoro può essergli di aiuto» commentò caritatevole la figlia.

Sergio continuava a tacere. Si sentiva invaso da un misterioso senso di pace. Gli sembrava di essere diventato di colpo invulnerabile e che nulla di quanto gli veniva dall'esterno potesse toccarlo. Semplicemente aveva deciso di non ascoltare le proteste di Paola, via via più vibranti e aggressive. Con Giuliana era stato più facile, e sì che lei aveva motivi più seri per protestare. Comunque, nessuna delle due donne sarebbe riuscita a fargli cambiare idea o a creargli un minimo turbamento.

«E il notaio?» esclamò Paola col tono di chi sta calando una carta vincente. «Non devi andare dal notaio?»

«Non c'è fretta. Sono l'erede unico...»

Disse all'autista di aspettarlo. Scese dopo meno di un'ora.

«Giuliana non mi ha dato alcun biglietto, dottore» disse l'autista. «Dobbiamo passare dall'ufficio prima di andare in aeroporto?»

«Non andiamo in aeroporto» rispose Sergio e con sorpresa avvertì nella sua voce un timbro che somigliava pericolosamente alla contentezza. «Andiamo in via Piave. Sa dove c'è quel grande negozio: Auto-Moto-Show?»

«Certo che lo so» disse l'uomo, e lanciò uno sguardo perplesso allo specchietto retrovisore: «Dobbiamo prendere su qualcuno?».

«No, devi lasciarmi lì... Dopo sei libero. Torna in ufficio e resta a disposizione di Giuliana. Ma non dovresti avere impegni per qualche giorno.»

***

Carlo alzò gli occhi dalla scrivania e vide Sergio, il suo amico di sempre. Ne fu sbalordito: lo aveva salutato un paio d'ore prima, davanti al cimitero.

«Che ci fai qui?» domandò andandogli incontro. Poi,

temendo che il suo tono suonasse scortese, si affrettò ad aggiungere: «Sergio, tutto mi sarei aspettato...».

«Lo so, devo parlarti. Hai tempo?»

«Ma certo, che domande! Sono veramente addolorato per mamma Margherita. Sai che le volevo bene. Forse non dovrei dirlo proprio a te, ma mi sembra di aver perso un pezzo della mia giovinezza...»

«Fammi vedere che cos'hai in negozio... voglio una moto subito...» tagliò corto Sergio.

Carlo restò senza fiato. «Sta male» pensò, «è sconvolto e non sa cosa dice.»

«Non sono matto» spiegò Sergio. «È un mio modo di reagire... di reagire al lutto. Mi pare che solo così riuscirò a star meglio...»

Non era vero. Il bisogno di partire e di farlo con una potente motocicletta non aveva niente a che fare con il suo dolore. Gli era nato dentro, come una sfida imperiosa, quella mattina, nel corso del funerale. Non avrebbe saputo spiegarne le ragioni, e nemmeno le voleva conoscere.

Non disse nulla all'amico perché voleva evitare spiegazioni che, del resto, non era in grado di dare. L'amico gli mostrò una Kawasaki, una Ducati, una Honda... Ma Sergio fu colpito da una Harley Davidson parcheggiata al di là della vetrina, fuori dal negozio.

Era magnifica.

Numinosa e potente come il drago di san Giorgio.

«Voglio quella!» disse.

«Non è in vendita» fece Carlo con un sorriso. «È la mia moto.»

Ebbero una discussione serrata: Sergio non poteva aspettare che l'amico gliene ordinasse una; ne aveva bisogno subito e non voleva altro che la Harley.

«Te la presto» si arrese infine l'amico.

Sergio insistette per lasciare un assegno, una sorta di caparra, ma l'amico non volle accettare.

«È la mia moto» disse ostinato. «Non si paga per i prestiti. Fra qualche giorno, se avrai veramente deciso di comprarla, faremo tutto ciò che occorre per l'acquisto.»

***

Non avrebbe saputo dire a che età gli era nata dentro la bruciante passione per le moto. Certo molto prima di vedere al cinema *Easy Rider*, che aveva solo rafforzato e per certi versi nobilitato quella sua febbre.

Aveva sempre considerato una fortuna che il suo migliore amico fosse anche il figlio del più noto importatore di auto e motociclette della città. Questo gli aveva consentito, sin da ragazzo, di ammirare dal vivo i nuovi modelli: poteva guardarli, toccarli e qualche volta addirittura inforcarli per brevi giri di prova.

La madre aveva cercato, a più riprese, di contrastare l'amore del figlio per le moto. Non era, come gli altri genitori, preoccupata della pericolosità della moto; piuttosto la riteneva un mezzo di locomozione poco adatto a un ragazzo di buona famiglia e dal sicuro avvenire.

Per i diciott'anni, però, Sergio aveva colto strane telefonate, sorpreso incontri tra la mamma e il padre di Carlo, interrotto con la sua presenza misteriosi discorsi... e aveva capito che il compleanno sarebbe stato festa grande, perché la mamma gli stava comprando la moto.

Quella mattina lei gli chiese di accompagnarla in garage: doveva portare in casa qualcosa di pesante e aveva bisogno di aiuto.

Sergio entrò in ascensore cercando di tenere a freno la crescente eccitazione; finse persino di credere alla storia della cassetta pesante da trasportare, per non togliere alla mamma il gusto di fargli la meravigliosa sorpresa.

Non dovette recitare: lo stupore fu autentico e sconfinato. In garage, nuova, scintillante, odiosa, c'era una Mini Morris, l'auto più trendy tra i giovani di quel periodo.

«Una macchina, mamma? Ma se non ho ancora la patente!»

***

Lei era fatta così: anticipava ogni suo desiderio e questo lo chiamava amore.

Nella folla di idee che lo avevano assillato negli ultimi mesi, c'era anche questa: che finalmente avrebbe potuto riprendersi, a una a una, tutte le voglie che la madre gli aveva amorevolmente sottratto, nel corso degli anni.

I suoi amici gliel'avevano sempre invidiata, quella mamma volitiva e generosa, ma lui aveva avvertito in modo oscuro, fin da ragazzo, che in tanta munificenza c'era qualcosa di avverso, di contrario ai suoi desideri.

Voleva una moto e lei gli regalava una macchina, voleva andare in campeggio con gli amici e lei gli offriva costose crociere nei mari del Nord... Si impossessava di ogni sua voglia e la trasformava in ciò che a lei sembrava più giusto, più importante e utile.

Una ladra di desideri, ecco cos'era stata sua madre. Ma mai gli era venuta, nemmeno alla lontana, la tentazione di ribellarsi a quelle soffici violenze.

Senza di lei, sarebbe stato nessuno.

D'altra parte, crescendo, si era accorto di condividere via via ogni preferenza della mamma; ormai gli sembrava che lei fosse sempre nel giusto. Ne cercava l'approvazione e in fondo sarebbe stato contento di diventare come lei. Solo così avrebbe continuato ad amarlo e a proteggerlo.

Del resto, era suo figlio; era dunque normale che le somigliasse in tutto.

***

Lui stesso era sbalordito da quell'iniziativa.

Aveva pensato che l'idea di fuggire fosse solo uno dei tanti progetti su cui aveva rimuginato durante il funerale: una lontanissima utopia.

E invece eccolo lì, nel giro di qualche ora, a cavallo della potentissima motocicletta sognata per tutta la vita.

Correva a grande velocità e gli sembrava che ogni dubbio si stesse dissolvendo nell'aria.

Andar via, finalmente.

Andare lontano.

Moglie, figlia, lavoro potevano aspettare.

Mentre correva contro il vento, sentiva volare via a una a una, come abiti mal indossati, parti di sé che non gli appartenevano. O, almeno, così gli sembrava.

Via il bravo ragazzo serio, assennato e tranquillo; via l'imprenditore tenace e di successo; via il marito devoto e remissivo; via il padre affettuoso ed esemplare.

Via tutto ciò che era stato per assecondare gli altri.

Non era troppo tardi per correre verso un altrove sconosciuto, verso un Sergio più libero e vitale che senza dubbio lo aspettava, chissà dove.

***

Prima di essere ansiosa o preoccupata, Paola era furiosa nei confronti del marito.

Era sparito come il protagonista di una volgare telenovela, senza preoccuparsi di nulla e di nessuno.

Sì, era sconvolto per la morte della madre e forse lei non si era resa conto di quanto grande fosse il suo dolore. Ma da un uomo di cinquant'anni è lecito aspettarsi comportamenti più maturi e responsabili.

«Non preoccupatevi» diceva alla figlia e agli amici più intimi, «tornerà appena sarà finita la biancheria pulita. Non è capace di comprarsi neanche un paio di mutande...»

Per tre giorni aveva aspettato, se non un ritorno, almeno una telefonata.

Ormai era necessario denunciare la scomparsa e rassegnarsi al clamore che la notizia avrebbe suscitato in città.

Aveva sposato un uomo-bambino, vissuto con una madre avvolgente e possessiva. Benché fosse rimasta vedova in giovanissima età, la suocera non aveva mai voluto un nuovo uomo accanto a sé. Diceva che la sua vita ormai aveva un unico scopo: il figlio. In tal modo Sergio aveva contratto con la madre un fortissimo debito affettivo, che non gli aveva permesso di crescere.

In vent'anni di matrimonio Paola aveva fatto il possibile per fargli capire che la vita era qualcosa di diverso dalla melassa nella quale sua madre lo aveva tenuto per anni. E aveva anche creduto di esserci riuscita.

Ma ora la fuga da casa smentiva le sue convinzioni. Era furente. Si sentiva come se l'avessero bocciata a un esame per il quale si era scrupolosamente preparata.

***

Tutte queste cose non le poteva certo dire all'attento giovanotto in divisa che stava raccogliendo la sua denuncia.

Aveva chiesto al fratello, che era avvocato, di accompagnarla, e questo forse aveva alimentato strane idee nel poliziotto.

«Suo marito aveva nemici? Conosce qualche motivo che possa averlo indotto a nascondersi?»

E poi, immancabile e scontata, l'altra domanda: «Mi scusi, signora, il mio mestiere mi impone di essere anche indiscreto. Che lei sappia, c'era un'altra donna nella vita di suo marito?».

Non fosse stata carica di ansia – ora sì, l'inquietudine le era montata dentro –, avrebbe riso. Sergio che scappava con un'altra!

Eppure, a ben pensarci, quella sua granitica sicurezza era ingiustificata. Sergio era un uomo molto attraente. I suoi capelli precocemente incanutiti non lo invecchiavano affatto; anzi, per contrasto, rendevano i suoi occhi di un azzurro più intenso e davano allo sguardo luminosità e sicurezza.

Una sorta di nostalgia attraversò i suoi pensieri: gli stava accanto da anni e certe cose non le notava nemmeno più.

Ma se lo avesse davvero perduto?

Se se ne fosse andato per non tornare?

Non era possibile: aveva troppo bisogno di lei. Solo la sua assidua presenza gli permetteva di vivere da «irresponsabile». Qualche volta le era accaduto di pensare che il fascino e il successo del marito fossero alimentati proprio dal perdurare in lui dell'adolescenza. Certi entusiasmi, certe ingenuità, l'ottimismo, l'esuberanza, il buonumore, la fiducia assoluta in se stesso, non erano stati intaccati dal passare del tempo.

A cinquant'anni era lo stesso di quando lo aveva conosciuto vent'anni prima. E lei si era assunta il ruolo di chi deve essere matura e pensosa anche per il partner. Questo le provocava irritazione, ma al tempo stesso la faceva sentire importante. Tanto importante da non temere – forse a torto, per la prima volta se ne rendeva conto – infedeltà o tradimenti.

Sergio era il suo uomo, pieno di vizi e di virtù. Quella fuga era una reazione infantile alla perdita della madre.

Lui non era abituato alle prove della vita e aveva pensato forse che fuggire fisicamente lo avrebbe affrancato dalla fatica di ridisegnarsi un'esistenza senza la sua adorata mamma.

***

«Oggi chiamo casa»: era il primo pensiero del mattino. «Domani chiamo casa»: era l'ultimo della sera.

Ma non chiamava e, quando verso sera pensava: «Nemmeno oggi ho telefonato», gli sembrava che, a dispetto della buona volontà, gli fosse mancato il tempo di farlo. Quei quattro giorni – ma erano davvero solo quattro? – erano volati via. Intensissimi.

All'inizio aveva imboccato l'autostrada. Forse per il bisogno di allontanarsi più velocemente. Ma dopo, con un'eccitazione che gli cresceva dentro come una febbre, aveva attraversato paesi e campagne; si era inerpicato per strade ripide e tortuose, era sceso al mare e risalito verso i monti.

Si sentiva bene. Si sentiva nuovo.

La sera si fermava in piccole pensioncine fuori mano, e in quelle camerette anguste, tra mura impregnate di odori stagnanti, precipitava in un sonno profondo prima che gli si formasse nella mente qualsiasi larva di pensiero.

La quarta notte sognò di esser morto: camminava, vedeva, parlava, ma era morto.

La mamma lo aveva vestito di bianco: un impeccabile

completo di lino che gli aveva comprato anni prima, per scoraggiare la sua predilezione per jeans e magliette.

Lei lo teneva per mano e lo guidava verso un boschetto dietro casa. Lì, c'era un edificio che non aveva mai visto. Un cartello appeso alla porta diceva: «Ingresso candidati».

«Devi entrare» disse la mamma, «è la tua ora.»

«Perché devo? Non sono un candidato.»

«Sì che lo sei, non sei forse vestito di bianco? Devi andare perché sei morto...»

Quando si svegliò fu come se un altro avesse deciso che doveva tornare a casa. Non aveva ansia, non era spaventato. Solo doveva tornare.

Il motivo della decisione gli era oscuro come il sogno, anche se si rendeva conto che proprio da quelle immagini misteriose gli era arrivata la spinta al ritorno.

***

Che un noto imprenditore cittadino fosse scomparso misteriosamente dopo il funerale della madre, lo avevo letto una mattina sul giornale, mentre prendevo il primo caffè.

Di questa storia si parlava molto in città, non solo perché l'imprevedibilità dei comportamenti umani suscita ansia e interesse, ma anche per la fama del personaggio.

Come spesso accade, in questi casi si confonde lo psicologo con il mago. Alcuni giornalisti mi chiamarono chiedendomi di spiegare quali oscuri moti dell'animo potessero avere spinto un uomo dalla vita solida, ricco e conosciuto, a fare una cosa tanto incomprensibile.

«Perché lo ha fatto? Secondo lei, ritorna?»

Risposi con una di quelle formule banali ed evasive che si usano in questi casi: «Non ne ho idea, naturalmente. Penso che tornerà solo se e quando avrà trovato ciò che è andato a cercare...».

***

Paola, la moglie del fuggiasco, mi telefonò il giorno dopo, colpita, disse, dalle mie parole.

«Che cosa è andato a cercare mio marito? Che cosa che non avesse già?»

Mi chiese di fissarle un appuntamento, anche se nel frattempo suo marito era tornato: certo il problema era in gran parte risolto, ma aveva ugualmente bisogno di parlarmi.

«Come avrà capito» sospirò, «non è per parlare di me che sono venuta. Devo mandarle mio marito. Forse almeno lei riuscirà a capire che cosa cercava, se lo ha trovato, se cercherà ancora... Ma prima devo informarla, deve sapere alcune cose di lui...»

C'era uno strano contrasto fra il tono cordiale e complice della voce, il sorriso pronto e generoso e la fredda determinazione dello sguardo.

Mi sedeva di fronte, bella, elegante, altera, e capivo che non sarebbe stato facile farle accettare quello che avevo da dirle.

«Lei non può "mandarmi" suo marito. Non è un pacco, signora. E non può dirmi delle cose che lo riguardino... Solo se lui chiama direttamente potrò fissargli un appuntamento e sentire le sue ragioni e i suoi problemi...»

Paola mi guardò con malcelata sufficienza: «Non lo conosce... mio marito ha sempre bisogno di qualcuno che faccia le cose per lui... al di fuori del lavoro, non è assolutamente in grado di prendere un'iniziativa, e anche lì...».

«Eppure i fatti recenti la smentiscono... Suo marito ha

preso un'iniziativa. Stravagante quanto si vuole, ma di fatto coraggiosa...»

Non riuscii a convincerla. «Quella telefonata, purtroppo, mio marito non la farà mai...» mi rispose.

***

Mi chiamò invece un paio di settimane dopo. Anche lui, come Paola, cercò all'inizio di patteggiare: «Sono qui per compiacere mia moglie, ma anche perché ho bisogno di risposte a certe domande».

Esordì deciso: «Lei, però, mi deve garantire, nel caso appurasse che sono malato, che non cercherà di guarirmi... non voglio guarire. Voglio restare ciò che sono diventato».

Gli feci notare che, con quella paradossale richiesta – andare da un terapeuta per *non* guarire –, stava fissando un confine. Aveva segnato un limite, oltre il quale non mi avrebbe permesso di andare. Forse non lo aveva mai fatto prima.

Mi sembrò un ottimo inizio.

***

Il primo confine lo aveva tracciato dormendo: quella che aveva sognato era una vera e propria cerimonia di iniziazione.

Con la sua fuga – cosa c'è di più maschile e potente di una rombante motocicletta? – Sergio aveva provato a lasciarsi alle spalle quel mondo femminile nel quale era da sempre, suo malgrado, avviluppato.

Nel sogno si faceva, per l'ultima volta, guidare dalla madre.

Lei lo aveva vestito di bianco, come di solito si faceva

con gli iniziandi, che per il candore delle vesti venivano chiamati anche «candidati», e lo aveva accompagnato fino all'ingresso di un luogo nel quale doveva entrare – finalmente – senza mamma.

Da queste immagini Sergio aveva ricevuto, sia pure in modo inconscio, una specie di licenza: scomparsa sua madre, poteva porre la sua candidatura per un ruolo adulto e indipendente.

Dunque gli era consentito di tornare a casa, fermamente deciso – come aveva perentoriamente affermato già nella prima seduta di psicoterapia – a difendere quelle frontiere che, sia pure tardivamente, aveva cominciato a tracciare.

***

Il «peccato originale» di molti uomini è quello di essere «sconfinati», cioè di non avere precocemente stabilito le giuste distanze, sia fisiche sia psichiche, tra sé e il mondo esterno.

Chiunque, uomo o donna, dovrebbe pensare a se stesso, al nucleo profondo della propria identità, come a una specie di castello medievale, circondato da un fossato valicabile solo se e quando dall'interno si sceglie di abbassare il ponte levatoio.

Invece, per motivi legati alle loro storie personali, molti degli uomini raccontati in questo libro avevano delegato alla custodia dei propri confini la madre o una figura che la rimpiazzasse: moglie, segretaria, amante.

Il limite tra custodia e invasione è molto labile: cosicché, spesso troppo tardi, questi uomini avevano finito per accorgersi di non avere difese né ripari nei confronti delle invasioni degli altri, fossero esse benevole oppure no.

Il fantasma rassicurante ma invasivo della femminilità

si installa in un gran numero di uomini e frena, condiziona o impedisce lo sviluppo di emozioni, desideri o progetti autonomi.

Senza esserne direttamente consapevoli, questi «eterni figli» vivono in uno stato di continua e piacevole dipendenza, e costruiscono rapporti di coppia il cui equilibrio è basato su taciti patti sotterranei: io ti lascio governare la mia vita, come un tempo faceva la mia mamma, e tu mi permetti di mantenere tutti gli agi di un'adolescenza senza tempo.

E proprio come gli adolescenti che sono ribelli, sì, ma al tempo stesso hanno un gran bisogno dell'approvazione degli adulti, gli uomini «sconfinati» riescono a sentirsi bene solo se sanno che le loro donne continueranno ad amarli e, eventualmente, a perdonarli.

Questo bisogno di essere amorosamente accettati, in ogni caso e a ogni costo, produce una sorta di paralisi emotiva che impedisce loro di cambiare la propria vita anche quando cominciano a capire che quella che stanno vivendo li rende incerti e infelici.

***

Ci sono coppie, apparentemente serene e collaudate, nelle quali l'intimità viene confusa con l'intrusione e con il controllo.

Saper tutto dell'altro – l'antico e scivoloso mito della coppia perfetta – diventa col tempo più una modalità poliziesca che un bisogno affettivo.

Le mogli aprono la posta, gestiscono fino all'ultimo centesimo i soldi che i loro compagni guadagnano, hanno accesso alle tasche, ai portafogli, ai cassetti, ai cellulari, e, quando ne sono capaci, ai computer.

Non c'è nulla di privato nella vita di questi uomini

che, per lunghi anni, non solo trovano normale e comodo lo zelo delle consorti, ma nemmeno sospettano che ci sia in esso qualcosa di lesivo per la loro identità.

Solo quando accade loro di imbastire qualche amore clandestino si rendono conto di essere in libertà vigilata. Non possono ricevere lettere, non possono fare un regalo, pagare un hotel o un ristorante senza ricorrere a sotterfugi che percepiscono come umilianti.

Come sarebbe possibile giustificare certe spese senza inventare bugie o truccare i bilanci familiari?

***

Spesso le crisi dei cinquantenni passano attraverso quella che le loro mogli definiscono «una questione di corna». Ma si tratta solo di una cornice; con le loro infedeltà i fedifraghi cercano di trovare uno sbocco alle angosce profonde del loro presente, ma anche del loro passato.

C'è anche chi cerca strade più facili, come Francesco, un marittimo che, dopo qualche seduta di psicoterapia, decise di risolvere i problemi a modo suo. «Deve scusarmi, dottoressa» mi disse. «Il lavoro su me stesso che lei mi propone mi sembra troppo lungo. Penso che sceglierò una scorciatoia.»

Era sposato da ventisette anni ma, a causa dei lunghi periodi di navigazione, non aveva mai avuto molto tempo per coltivare gli affetti familiari.

In sua assenza, la moglie si era assunta tutte le responsabilità relative alla conduzione domestica e all'educazione dei figli.

Nei periodi in cui stava a casa, tra un viaggio e l'altro, Francesco desiderava solo riposarsi e godersi le gioie della famiglia: per questo non interveniva mai con critiche o rilievi, anche se spesso era infastidito dalle «regole» ferree che la moglie aveva fissato.

«Non so se è diventata così perché in mia assenza deve fare l'uomo» diceva Francesco, «o se sono stato io ad averla scelta con quel carattere, per via del lavoro che facevo.»

La passività di Francesco era compensata dal fervido attivismo della moglie; si era così creato un equilibrio rimasto stabile fino a quando lui era andato in pensione.

A quel punto non più navi, non più porti, niente distrazioni più o meno legittime.

Fra i tanti problemi posti da una quotidianità alla quale nessuno dei due era preparato, c'era quello del potere. Francesco non accettava più che sua moglie decidesse ogni cosa e che controllasse le sue scelte, i suoi hobby, il suo tempo libero.

«Quello che dovevo capire adesso mi è chiaro» mi disse congedandosi. «Non ho difeso i miei confini, come dice lei, mi sono sempre fatto comandare da una donna. A questo punto tanto vale che vada a vivere con mia madre: anche lei ha sempre deciso al posto mio e continuerà a farlo, ma senza dubbio lo farà per il mio bene...»

***

Molti uomini arrivano a cinquant'anni con ancora troppa mamma dentro. Non si tratta dei normali sentimenti di affetto, di gratitudine, di devozione filiale, ma del segreto rapporto con un fantasma del femminile che, dalle profondità dell'inconscio, governa o forse tiranneggia le loro emozioni.

Questa potente immagine interna è spesso determinata dai comportamenti della madre, ma non sempre e non necessariamente.

L'idea del femminile, che tanto tormenta gli uomini, nasce dal confronto con un'alterità – quella della donna, quella della madre – che gli uomini non riescono a integrare nell'immagine che hanno di se stessi, ma che, pur restando estranea, sentono vitale e necessaria.

In molti casi la dipendenza, e certi imperiosi attaccamenti, derivano dalla permanente angoscia infantile di perdere quella fonte di forza, di nutrizione e di sicurezza che è rappresentata dalle cure materne.

Buona o cattiva, presente o lontana, ossessiva o libertaria, la madre lascia in tutti – maschi o femmine – un'impronta strutturante e per tanti versi definitiva.

Passa attraverso l'agire materno la nostra capacità di percepire e distinguere il reale, la prima attitudine a elaborare sentimenti ed emozioni. C'è un tratto della vita per cui molti nutrono uno struggente rimpianto: quello nel quale si è tutt'uno con chi ci ha generato.

Se la madre ha freddo, il figlio sarà coperto; se lei ha fame, sarà nutrito; se lei ha paura, sarà protetto e consolato.

La mamma sente, decide e agisce: conosciamo le sue parole prima di saper parlare, e i suoi pensieri prima di saper pensare, e dunque di collocare quel che lei ci trasmette in una mappa razionale e consapevole. Ecco perché molte delle cose che lei ha seminato agiscono potentemente dentro di noi, pur restando inafferrabili e sconosciute.

Tutto questo tocca, sia pure in diversa misura, uomini e donne, giovani e no.

Ma i cinquantenni di oggi sono stati bambini in anni di profonda trasformazione sociale e culturale, nei quali i valori di riferimento e l'idea della famiglia erano molto diversi da quelli di oggi.

La maternità era il pilastro portante dell'identità femminile: le rivendicazioni di parità, l'emancipazione, il lavoro extrafamiliare erano ancora lontani dalle aspettative e dai desideri delle donne.

Non è questa la sede per tornare sulla condizione femminile negli anni Cinquanta, ma non si può fare a meno di sottolineare che se le madri erano invasive, autoritarie e vischiose, ciò era dovuto non solo a caratteristiche personali, ma anche e forse soprattutto a imperiosi e retorici modelli culturali.

L'idealizzazione del ruolo della donna come fulcro della famiglia ebbe l'effetto di «segregare le donne all'interno della loro vita privata allontanandole ancora di più dalla vita politica e pubblica del Paese».*

Conseguenza di questo isolamento fu la totale concentrazione degli interessi delle donne sui figli, unico bene che le gratificasse e garantisse loro di valere qualcosa.

«Son tutte belle le mamme del mondo, quando un bambino si stringono al cuor...» diceva una famosa canzone.

In quegli anni le donne vincevano unicamente come mamme. E non solo a Sanremo.

***

C'è un tempo per le madri e un tempo per il mondo.

Lo sapevano bene i popoli «primitivi» che, attraverso il rito dell'iniziazione, strappavano, all'età convenuta, i figli maschi alle madri per consegnarli alla società maschile e farli diventare uomini (per le femmine l'iniziazione era segnata dal corpo, attraverso il puntuale appuntamento con il sangue).

* Paul Ginsborg, *Storia d'Italia dal dopoguerra a oggi*, Einaudi, Torino 1989.

Mille frivole esperienze sostituiscono oggi il rito iniziatico, e proprio perché sono tante, frequenti, facili, non rappresentano più una vera prova, un vero esame.

L'assenza di segnali forti fa sì che la maturazione degli uomini si basi su una serie di esperienze fluttuanti.

Poco concrete, più immaginate che imposte. Più scelte che obbligate.

La caduta o il progressivo svuotamento dei riti iniziatici ha fatto sì che la separazione del maschio dalla madre, da passaggio condiviso e sostenuto socialmente, diventasse una scelta individuale, affidata alla lucidità dei singoli: al coraggio del figlio, alla forza della madre.

Il primo, importantissimo confine maschile, che nasce dalla separazione e inaugura l'identità, non viene, in molti casi, tracciato con quelle linee nette e riconoscibili che ogni frontiera richiederebbe.

Per trovare il coraggio di separarsi dalla madre, bisogna avere accanto un padre, una figura pronta a fornire modelli, rassicurazioni e confronti.

Gli attuali cinquantenni hanno avuto troppa madre, e si portano dentro una grande, inconsolabile assenza di padre.

«Dov'eri, papà, mentre la mamma spadroneggiava nella mia vita?» domanda un cinquantenne in crisi al suo sbigottito genitore.

Sbigottito, certo, perché quell'uomo è convinto di essere stato un buon padre e di aver fatto per i suoi figli sacrifici, fatiche, rinunce che oggi sarebbero inimmaginabili.

Erano gli anni del «miracolo economico», tempi di essenziali cambiamenti nei quali il tenore di vita delle famiglie italiane conobbe un'espansione e una crescita straordinarie. Le case si dotarono dei moderni feticci: il frigorifero, la televisione, la lavatrice, il giradischi. La pubblicità creò nuovi bisogni, e tutti, uomini, donne e bambini, si abbandonarono alle voluttà del consumismo.

Lo sforzo di questo inedito arricchimento fu sostenuto dal lavoro dei singoli.

In quegli anni l'orario giornaliero medio di un lavoratore, «tra straordinari e spostamenti, ammontava spesso a dodici, quattordici ore».*

Ecco dov'erano i padri mentre i loro figli restavano invischiati nell'appiccicoso mondo materno. Facevano la loro parte in quel miracolo dagli effetti benefici per tutte le famiglie, ma restavano ai margini dell'universo affettivo.

I figli finivano col sentire l'identità del padre come debole e poco significativa, sia a causa della sua assenza fisica sia perché percepivano nettamente che nella conduzione familiare era la mamma a essere la più forte.

Persino in «Carosello» le mamme erano più numerose e presenti dei papà: erano loro il vero motore dei consumi familiari e quindi le destinatarie privilegiate del bombardamento pubblicitario.

Nella difficilissima impresa di conciliare gli antichi valori della famiglia con le ambigue spinte del consumismo e del miracolo economico, i genitori di quegli anni si inventarono nuovi modi d'essere, e le madri fecero qualcosa di straordinario e terribile: diventarono paterne.

Fu così che, in molti casi, attraversarono confini che non avrebbero dovuto varcare. Lo fecero abusivamente, forse, ma non incontrarono resistenze.

* Paul Ginsborg, *Storia d'Italia dal dopoguerra a oggi*, cit.

Cinquantenni allo specchio

Citerò ancora García Márquez.

> Ho sempre pensato che l'immagine fisica che noi uomini, per la maggioranza, abbiamo di noi stessi è quella che ci formiamo fin dall'adolescenza con l'abitudine di raderci giorno dopo giorno di fronte allo specchio. Lo facciamo lentamente e senza la minima malizia, con un'innocenza celestiale che ci impedisce di scoprire come andiamo invecchiando a poco a poco in ogni traccia, senza ricordare che l'immagine che vediamo nello specchio non è la vera immagine di noi stessi, ma l'inverso di quella che vedono e giudicano gli altri nella realtà...*

Se mai si insinua negli uomini il sospetto che l'immagine riflessa dallo specchio non corrisponda al vero, questo accade intorno ai cinquant'anni, quando lo sguardo si fa più acuto e disincantato e improvvisi bagliori di realtà invadono la coscienza.

***

* Gabriel García Márquez, *Io e il mio ritratto*, cit.

Il corpo «glorioso» degli sport, delle sfide, della resistenza fisica comincia a mandare segnali discontinui e da alleato fedele si trasforma in un socio inaffidabile e pronto a tradire.

Ma, a guardarlo con attenzione, lo specchio non dà conto solo dei tradimenti del corpo: mostra anche le immagini interiori.

Si tratta di flash repentini che molti non vedono o fingono di non vedere, continuando, forse per rinfrancarsi dallo spavento, a sorridere complici a quel maturo adolescente che dallo specchio ammicca sornione.

L'operazione «Specchio delle mie brame» – chiamiamola così – è un espediente per ignorare il tempo che passa; è anche un astuto progetto dell'inconscio per attuare un lento, progressivo disconoscimento di ciò che è sgradito.

Tutto quanto minaccia un'immagine positiva e rassicurante non solo non viene percepito, ma viene allontanato, trasferito altrove.

In genere, sulle persone vicine, su quelle che frequentiamo di più.

***

Dove vanno a finire le rughe, le borse sotto gli occhi, le pieghe di espressione, le vecchie ferite, i conflitti, i conti in sospeso, i debiti e i crediti accumulati giorno dopo giorno?

Dove i mille segni che non solo gli anni, ma la vita, con le sue aggressioni e i suoi compromessi, incidono sul volto di chi è giunto al varco dei cinquanta?

Sugli amici, sui colleghi, sui «capi» e soprattutto sui propri compagni di vita che quotidianamente assorbono le minute e impercettibili trasformazioni del corpo e della mente e ne diventano gli ignari e implacabili testimoni.

Ho conosciuto uomini che, via via negli anni, avevano proiettato sulla moglie ogni loro contraddizione, ogni errore, ogni insuccesso, e che a cinquant'anni si erano trovati sposati non con un'altra persona, ma con la parte peggiore di se stessi.

Questo meccanismo riguarda entrambi i sessi, ma è più frequente nei maschi perché sono meno avvezzi a guardarsi dentro e, soprattutto, perché a cinquant'anni non sono, come le donne, «distratti» dai mille problemi della menopausa.

Per tutta la vita le donne sono occupate a spiare la loro complicata fisiologia: mestruazioni, gravidanze, parti. Le loro trasformazioni sono troppo specifiche per essere proiettate su altri.

Ecco perché sono di solito le mogli – certe mogli in certi rapporti di coppia – a ricoprire il ruolo di quel fatale ritratto che Dorian Gray teneva nascosto nello studio e che era il padrone del suo destino.

Il ritratto invecchiava, mentre Dorian Gray restava eternamente giovane.

***

Molte crisi matrimoniali tra le più gravi esplodono quando, a cinquant'anni, entrambi i coniugi sono costretti a radicali «rese dei conti».

Qualcuno di loro si ostina a non vedere, a fuggire, a negare; altri, come il protagonista della storia che segue, scoprendo il proprio ritratto inciso sul volto della moglie, si vedono passare davanti tutta la vita e, a poco a poco, con sofferenza e con dolore, trovano il coraggio di andare a incontrare se stessi.

Il terrazzo

Come al solito, era salito sul terrazzo all'imbrunire.

A quell'ora, prima di trascolorare nella notte, il cielo prendeva mille sfumature, dal rosa al viola, al rosso acceso.

Gli piaceva moltissimo restarsene lì, fino all'ultimo barlume di luce, a curare le piante e a godersi lo spettacolo del giorno che finiva.

I colori cangianti del cielo, i profumi tenui dei fiori, delle foglie, della terra, i piccoli gesti necessari per innaffiare, potare, sfoltire, gli davano un senso di pace assoluta.

Anche se la giornata era stata faticosa e difficile, lì, nel suo giardino sul tetto, ogni ansia si placava.

Quella sera no.

Qualcuno aveva fatto scempio del suo terrazzo. I fiori erano spezzati, le piante sradicate, i vasi capovolti, la terra sparsa dappertutto.

Era incredulo, smarrito.

Gli sembrava che avessero fatto scempio di lui; che l'avessero sradicato, come avevano sradicato le piante.

Da questo capì che l'amore per il giardinaggio era per lui qualcosa di più e di diverso da un semplice hobby.

Gli tornò in mente un'immagine dimenticata: un vecchio contadino seduto su una pietra ai margini del suo podere, con il viso nascosto tra le mani callose.

Piangeva.

«Carmine? Carmine, che è successo?» aveva chiesto preoccupato il nonno.

Il vecchio affranto aveva allungato il braccio dietro di sé, senza voltarsi a guardare.

«La vigna» disse, «mi hanno tagliato la vigna.»

Solo allora nonno e nipote si accorsero che per tutto il campo erano disseminati i rami e i tralci contorti della vite, già carichi di germogli.

Per lui bambino era un fatto straordinario veder piangere un adulto.

Aveva conosciuto nello stesso momento la fragilità degli uomini e la loro perfidia.

Pianse come Carmine, seduto su uno dei grandi vasi rovesciati, e ancora una volta sperimentò la fragilità – in questo caso, la sua – e la perfidia degli uomini.

Anzi, delle donne.

***

Matilde e Giacomo si erano conosciuti ragazzi, nel corso di un'occupazione scolastica.

Lui l'aveva notata perché sembrava Alice nel paese delle meraviglie, con la sua gonna scozzese a pieghe e il maglioncino di lambswool sulle spalle. Non si era mai vista in un'assemblea di studenti una vestita così.

Si era fatto passare il microfono da un tizio che aveva appena finito il suo intervento.

«Attenti, compagni» disse indicando la smarrita ragazzina, «abbiamo un'infiltrata della borghesia...»

Ci fu un brusio ondeggiante e qualche risata. Matilde non si scompose, si spostò verso la prima fila e si mise a sedere sul pavimento in mezzo agli altri, come se non avesse capito di essere il bersaglio di quell'attacco.

La fermezza della sua reazione lo colpì. Si vergognò della sua bravata e in segno di pace andò a sedersi accanto a lei.

Da quel giorno diventarono inseparabili.

«La borghesina ti sta attaccata come una cozza!» gli disse, con una punta di astio, una delle compagne più assidue.

Ma a lui piaceva quella ragazzina adorante, desiderosa di distinguersi e di partecipare.

Erano sempre in coppia: ai comizi, ai sit-in, alle occupazioni. Lei aveva solo sedici anni e frequentava ancora il liceo, mentre Giacomo era al secondo anno di ingegneria. Matilde, benché tanto più giovane, acquisiva sicurezza e autonomia man mano che frequentava il Movimento.

***

Un tipo di azione, fra le più audaci promosse dal Movimento, era andare all'università per interrompere le lezioni e costringere i professori a discutere temi scelti e imposti dagli studenti.

In quelle occasioni Matilde diventava sfrontata e arrogante, come accade ai timidi «liberati», e riusciva a tener testa ai cattedratici più autorevoli.

Giacomo la guardava con invidia: lui, che proveniva da una famiglia di contadini e di operai, faticava a essere irriverente nei confronti dell'autorità costituita; a lei, che era di «razza padrona», la iattanza veniva invece facile, a dispetto della buona educazione e del ritegno femminile.

Ma nel rapporto con lui era capace di straordinarie tenerezze.

***

Avevano fatto l'amore la prima volta nell'archivio del liceo Garibaldi, tra carte geografiche arrotolate e polverosi mappamondi, incuranti dell'indiscreto viavai dei compagni.

Poi avevano deciso di andare a vivere insieme, nell'appartamento che Matilde aveva ereditato dalla nonna.

Non fu mai una vera casa: per farsi «perdonare» dai compagni il fatto di essere padroni di un appartamento, bisognava metterlo a disposizione di chiunque ne avesse bisogno. Sconosciuti con l'eskimo e lunghe sciarpe colorate arrivavano da Torino, da Milano, da Brescia, per dormire, per mangiare, per discutere. Erano sempre i benvenuti.

Quando il lavoro politico degli studenti si era spostato dall'università alle fabbriche, la loro casa – spaziosa, centrale, accogliente – era diventata la sede del Movimento; e, mentre i condomini del palazzo raccoglievano firme per farli mandare via, da quella casa entravano e uscivano leader e militanti che si attardavano sino a notte per mettere a punto documenti, per preparare assemblee e scioperi, per dibattere e scrivere volantini.

Di quel fervido periodo Giacomo conservava tanti bellissimi ricordi, e nessun rimpianto.

Aveva percorso con fatica, con impegno e con grandissimi sacrifici un lungo cammino: dal Movimento al partito, dal partito al sindacato, dal sindacato alla dirigenza nell'azienda per la quale lavorava.

Adesso era capo delle relazioni esterne; si era conquistato vantaggi e privilegi e non intendeva rinunciarvi. Viaggiava in prima classe, frequentava hotel onusti di stelle.

Perché non avrebbe dovuto?

***

Matilde aveva assistito a quella che con ironica sufficienza definiva la sua «irresistibile ascesa».

A parte certe battute acide, certi commenti indiretti, non diceva nulla, ma Giacomo avvertiva un giudizio in ogni suo sguardo, una censura in ogni sua parola.

«Il '68 per le donne è diventato pratica quotidiana, per gli uomini un bel ricordo di gioventù» aveva detto ridendo durante una cena con amici.

Di questo tenore erano le note di biasimo che lei sistematicamente gli indirizzava, senza parere.

«La tua azienda sta tagliando posti di lavoro» gli aveva detto un giorno. «Ne sai niente?»

Lui si era lanciato in una serie di considerazioni di carattere economico: aveva parlato di produttività, di rese, di prepensionamenti e non si era nemmeno accorto che, nel bel mezzo del discorso, la moglie era uscita dalla stanza.

Le tensioni fra loro erano lievitate: fingevano di litigare su cose piccole come un giornale piegato male o qualche promessa non mantenuta, ma era solo un modo per evitare liti più impegnative.

Una sera era tornato a casa e aveva trovato, seduto in cucina, un vecchio amico che era andato a vivere in un'altra città. Ne era stato felice e per tutta la durata della cena avevano ricordato, un po' nostalgici, un po' divertiti, fatti e persone del loro comune passato.

«In che albergo sei?» chiese a un certo punto vedendo che si stava facendo tardi.

«Come, in che albergo? Sono in questo albergo!» rispose l'altro, stupito e trionfante.

A letto litigò con Matilde.

«Non lo vediamo da vent'anni. Non abbiamo più nulla

in comune con lui. Perché farlo dormire in casa nostra? Chiunque di questi tempi si può permettere un albergo!»

Lei aveva difeso con forza la sua decisione e, ancora una volta, era riuscita a farlo sentire come uno che è passato al nemico.

***

La sua rivolta cominciò a letto: non la desiderava più. All'inizio credette al solito stress da lavoro.

«Passerà» pensava, «passerà.»

Ma sapeva che non sarebbe passata.

Con la caduta del desiderio sessuale cadevano le ultime chance di una comunicazione intima.

Disse che andava a dormire nella stanza degli ospiti perché al mattino doveva svegliarsi presto.

Aggiunse che in quella camera dormiva meglio perché c'era più fresco e meno rumore.

Concluse che si sarebbe sistemato definitivamente lì.

***

Matilde cominciò a tempestarlo di domande: «Che cosa succede?... Hai un'altra?... Come?... Quando?... Perché?».

Ma a Giacomo sembrava, semplicemente, che qualcosa tra loro si fosse spezzato e che la sua vita fosse ormai altrove.

Non voleva rispondere alle domande incalzanti di lei e si illudeva che le cose potessero andare avanti così: ognuno a fare la propria vita, senza rotture drammatiche, senza vere separazioni.

Ma lei non era il tipo che si accontentava di compromessi e di mezze verità.

Una sera lo aveva aspettato fino a tardi.

«Stanotte non si dorme» gli aveva detto con rabbiosa determinazione. «Non si dorme finché non mi dici che cosa sta succedendo tra noi.»

Lui gliel'aveva detto.

«Non sopporto il tuo moralismo, il tuo restare legata a un passato definitivamente morto e sepolto, i tuoi giudizi, le tue censure... E non ti amo più. Tu fai parte del mio ieri, ma non ci sei nel mio domani... È finita, Matilde. Mi dispiace, ma è finita...»

***

Si chiese in che momento lei avesse deciso di mettere in atto la sua ritorsione, quando era salita a «tagliargli la vigna».

A freddo o a caldo?

La notte stessa, quando lui, liberato dal peso di quelle terribili verità, era precipitato nel sonno come in un abisso?

O la mattina dopo, quando era uscito di casa silenzioso come un ladro per non essere costretto a salutarla?

O più tardi, durante la giornata?

***

In mezzo al suo verde distrutto aveva pianto a lungo.

Ma bisognava pur fare qualcosa.

Cominciò a scegliere tutte le piante cui erano restate le radici; intanto, la furia del primo momento gli si andava sciogliendo dentro.

Ora provava per lei una specie di inconfessabile ammirazione.

«È una pazza» pensò, intenerito suo malgrado. «Più impetuosa e sincera di quanto io sia mai riuscito a essere...»

«Una pazza pericolosa» si corresse.

Gli sembrava indispensabile tenere a distanza quei pensieri balordi e indulgenti.

Ma ormai gli serpeggiava dentro – assurdamente, misteriosamente – un'intensa eccitazione.

Non avevano più fatto l'amore da mesi. La rivoluzione che lei aveva portato sul terrazzo gli aveva risvegliato i sensi.

Che cos'era che gli batteva alle tempie, ai polsi, al cuore: la rabbia? la frustrazione? la paura?

Se l'avesse avuta davanti, l'avrebbe presa lì, tra la terra e i fiori divelti. L'avrebbe brutalmente ripagata dell'abuso che lei gli aveva inflitto.

Tutto ciò che gli era sembrato così chiaro e definitivo nei giorni precedenti, assumeva adesso nuovi, confusi contorni.

Con il furore del suo gesto Matilde aveva messo allo scoperto le radici.

Delle piante, certo, ma anche le sue.

Lui aveva sotterrato troppo profondamente tante parti del proprio io. Le aveva negate, tradite, dimenticate.

Prese la paletta e cominciò a raccogliere la terra... vaso per vaso, fiore per fiore.

Fu a quel punto che avvertì la presenza di Matilde alle sue spalle. Si voltò. Lei teneva gli occhi bassi; continuarono a riempire i vasi...

***

Non è un lieto fine: la crisi di Giacomo era troppo profonda perché un'attività, pur distensiva, come rimettere ordine nel proprio «giardino», bastasse a risolverla.

Decisero di cominciare una terapia di coppia: non per costringersi a restare insieme, ma, almeno, per capire perché si stavano separando.

«Quando mio marito mi ha detto perché non mi ama più sono rimasta sbalordita» mi spiegò Matilde. «Lui non mi sta lasciando per uno dei miei pur numerosi difetti, ma per qualcosa di vago, di difficile da capire...»

Le chiesi di parlarmi dei suoi presunti difetti e lei, contandoli sulle dita: «Sono intransigente, irritabile, superba... ma non mi riconosco affatto in quel giudice da Inquisizione che sarei diventata per mio marito».

Giacomo cominciava a rendersene conto: le severe censure che attribuiva alla moglie erano in realtà le sentenze del suo tribunale interiore; corrispondevano al giudizio che lui stesso dava di sé.

In più – lo aveva sempre saputo, ma per la prima volta riusciva a dirselo – per tutta la vita aveva nutrito rancori nei confronti di lei.

«Sono stato invidioso di mia moglie... della sua vita facile, del suo essere ricca... Da quando, non so, forse fin dall'inizio... Sì, anche quando l'amavo... Suo padre era un uomo di gusti raffinati, lei ha letto i libri giusti al momento giusto. Il mio era un operaio deluso e saturo di rancori, anche verso i libri... persino quelli di scuola dovevo farmeli prestare...»

Matilde, dal canto suo, aveva avvertito da sempre le tensioni segrete del suo uomo, ma non aveva mai avuto il coraggio di discuterne in modo esplicito.

Se lui l'aveva usata come ricettacolo dei suoi progressivi sviamenti, lei era stata sua compiacente alleata: come un'attenta collezionista, aveva raccolto tutte le immagini negative che il marito le trasmetteva. Da qui, un inespresso sentimento di superiorità e al tempo stesso la sicurezza di «averlo in pugno» e, insomma, di non perderlo.

Molte cose devono ancora capire, Giacomo e Matilde, di loro stessi, e del loro rapporto coniugale.

Ma la crisi dei cinquant'anni ha permesso, a Giacomo soprattutto, di illuminare verità che altrimenti non avrebbe saputo vedere e gli ha consentito di buttar fuori quelle parti del proprio io che gli avevano lungamente e oscuramente avvelenato l'esistenza.

La casa in campagna

Una domenica mattina di fine maggio Enrico e sua moglie lasciarono la città per inaugurare la loro casa in campagna.

Più tardi, sarebbero stati raggiunti da amici. Desideravano condividere col maggior numero di persone possibile la felicità di avere finalmente coronato quel vecchio sogno.

In auto avevano portato un barattolo di vernice rossa e un pennello.

Lasciata la strada asfaltata, la macchina entrò nel bosco e si inerpicò su per un viottolo stretto e accidentato. Era un tortuoso nastro di terra che i contadini avevano rubato al querceto, ma gli alberi si sporgevano rigogliosi sulla carreggiata, come se volessero riconquistare lo spazio perduto.

«Il primo lo farei qui» disse Enrico, e si fermò.

Lydia scese e, tuffato il pennello nella vernice, tracciò un gran segno rosso sulla quercia più grande.

Indietreggiò di qualche passo, studiò l'effetto, poi si volse al marito: «Si vede bene?».

Enrico assentì e rimise in moto; ma si fermò pochi metri più avanti, e l'operazione fu ripetuta.

Continuarono così, fermandosi ogni volta che davanti a loro si parava un grosso tronco ben visibile.

«È divertente» esclamò Lydia euforica, dopo aver segnato il decimo albero: «Così nessuno potrà dire che è stato difficile trovarci!».

***

La cascina era situata in un'ampia radura subito fuori dal bosco. Era in pieno sole e una luce calda ne esaltava le linee e i colori.

L'edificio, formato da due corpi distinti – in origine la stalla e l'abitazione –, aveva mantenuto la sua solida struttura contadina, ma era ingentilito dall'arioso porticato ricavato dal fienile che ne aveva collegato le due parti.

Al posto dell'antica aia c'era un grande prato sul quale le due ragazze equadoregne che erano lì dalla sera precedente stavano preparando i tavoli e gli ombrelloni per il pranzo.

Enrico abbracciò con lo sguardo la casa, il prato, il frutteto.

Una casa fuori città, con un pezzo di vigna, l'orto e gli alberi da frutta, era stato il sogno dei suoi genitori. Un sogno mai realizzato.

Il padre aveva sperato di acquistarla con la liquidazione, ma non aveva fatto in tempo perché appena lasciato il lavoro si era ammalato.

Spesso, da bambini, Enrico e i suoi fratelli andavano ospiti di una zia in una cascina molto simile a quella che ora gli stava davanti, anche se più rustica.

Quei soggiorni gli avevano lasciato ricordi bellissimi. In campagna tutto gli sembrava vivo e misterioso.

La caccia a grilli e lucertole, le ruberie nel campo dei vicini, le corse a perdifiato: quelle imprese della sua infanzia lo riempivano di orgoglio e di nostalgia.

Nei periodi più duri di lavoro, quando tensione e nervosismo gli si addensavano addosso, l'idea che prima o poi quel sogno di una seconda casa si sarebbe avverato riusciva ad acquietarlo e lo immergeva in fantasticherie.

Lydia aveva sempre condiviso quel progetto, al contrario dei ragazzi che non facevano mistero della loro disapprovazione.

«Sai che noia, papà! Che ci fate, tu e la mamma, sepolti laggiù?»

«A cinquantaquattro anni avrò il diritto di scegliere quel che mi piace» si difendeva Enrico.

«Sarà un rifugio per quando saremo più vecchi...» interveniva Lydia, preoccupata di smussare i disaccordi familiari.

«Ma proprio quando sarete vecchi avrete più bisogno di vita e movimento...»

***

Fu una giornata allegra.

Gli amici furono prodighi di entusiasmo e complimenti: per il pranzo, per la casa, per la natura circostante.

Verso sera, partiti quasi tutti gli ospiti, Enrico decise di fare quattro passi nel bosco.

«Ti accompagno» disse una delle amiche rimaste. «Una passeggiata mi aiuterà a digerire.»

Spirava un lieve vento di ponente e l'aria si era fatta fresca e frizzante. Le ombre si andavano allungando; era caduto un silenzio denso, compatto, senza palpiti, come se la natura avesse il fiato sospeso. Enrico provò un senso di irrimediabile oppressione.

«Che quiete!» sospirò, tanto per intrattenere l'amica.

«Eh sì, fin troppa» esclamò Marina.

«Be', sai... come dice il Poeta, questa è l'ora che volge al disio... ti ricordi, no?»

Ebbe un sorriso complice, perché Marina era stata sua compagna al liceo.

«Macché disio e disio!» reagì Marina, brutale. «Io piuttosto mi sento volgere a una tremenda malinconia...»

Enrico la guardò stupito e lei si accorse troppo tardi di averlo, forse, offeso.

«Sai, è che a me non piace la campagna» si giustificò, «soprattutto a quest'ora mi mette una tristezza...»

«Ecco, la tristezza» pensò Enrico; e si sentì tristissimo.

Di colpo, senza un motivo al mondo, gli era esplosa addosso una pena che gli stringeva la gola e gli mozzava il respiro.

«La casa però è splendida...»

Marina cercava di riparare alla gaffe, ma Enrico era assorbito da altri pensieri, coinvolto nella lotta tra oscurità e chiarezza che si stava svolgendo dentro di lui.

Non era la malinconia dell'imbrunire a provocargli quel senso di profondo malessere, e nemmeno il normale calo di umore che segue momenti di eccitazione e di successo.

Era proprio l'aver comprato la casa, e insomma la quantità di energie fisiche, emotive e psicologiche investite in quell'operazione, che all'improvviso gli appariva in tutta la sua vistosa, irreparabile inconsistenza.

***

Su quel miraggio si era concentrato per anni, precludendosi sogni diversi, altri desideri. E – ora lo sapeva – la casa in campagna non era affatto ciò che voleva.

Possibile che i suoi cinquant'anni fossero coronati dal raggiungimento di un così povero obiettivo?

Quella casa avrebbe avuto senso se fosse riuscito ad averla da giovane, e dunque avesse regalato ai figli piccoli le stesse esperienze che lui aveva vissuto da bambino, e ai suoi genitori, ancora vivi, una gioia che avevano inseguito per anni.

Il padre avrebbe coltivato l'orto; la mamma avrebbe mostrato tutte le virtù del suo «pollice verde», virtù che avevano potuto esplicarsi solo nello spazio angusto di un balconcino. Pensava che raggiungere l'obiettivo della seconda casa lo avrebbe fatto sentire arrivato e forte; ma non aveva calcolato che, con il tempo, tutto si logora e si trasforma.

Aveva tenuto in vita un sogno morto, un fossile di desiderio.

Marina continuava a camminargli accanto: «Si sta facendo buio, forse è meglio tornare».

Lo disse al solo scopo di ricordargli la sua presenza. Il silenzio dell'amico la impensieriva, ma più ancora si impensierì quando lui si decise a parlare.

«Lo vedi sempre quel tuo amico che vende case?»

«Certo che lo vedo... ma perché, ci hai preso gusto? Vuoi comprartene un'altra?»

«No. Voglio vendere questa.»

***

«Ci sono due tragedie nella vita» diceva George Bernard Shaw, «la prima è non ottenere quel che si desidera; la seconda è ottenerlo.»

Finché rimangono difficili e impervi, certi obiettivi non solo sembrano più affascinanti di quel che sono nella realtà, ma alimentano il desiderio e danno forza alle azioni.

A qualsiasi età, realizzare un sogno comporta sempre un filo di delusione: insomma, è meno esaltante di quanto si fosse creduto. Da giovani, però, a ogni «arrivo» può seguire una nuova partenza, e non è difficile fissare altre mete da perseguire. Ma a cinquant'anni quel filo di delusione, quella velatura, può trasformarsi in qualcosa di più grave e di più durevole.

Ci si accorge che il sogno tante volte sognato ha finito per consumarsi nel viaggio e che ormai risulta frusto e superato come un abito di altri tempi.

***

La casa non fu venduta: non perché Enrico avesse nel frattempo cambiato idea, ma perché era caduto in uno stato di invincibile inedia che gli impediva di prendere decisioni, di fare scelte, e persino di continuare l'attività svolta sino a quel momento.

I suoi silenzi erano diventati impenetrabili, e Lydia si sentiva respinta dalle reazioni dure e scostanti che lui opponeva a ogni tentativo di capirlo e di aiutarlo. Le sembrava che suo marito fosse cambiato in una sola notte, gli vedeva difetti che non aveva mai notato prima, avvertiva in lui distanza e inimicizia.

L'improvvisa consapevolezza di aver inseguito un sogno sbagliato aveva dato a Enrico l'abbrivo per una profonda revisione della sua vita. Si era convinto di aver sbagliato tutto, ma ciò che davvero lo angustiava era la sensazione che a cinquantaquattro anni fosse già tardi per recuperare.

Fu Lydia a risolvere il problema. Un giorno, stanca dell'astioso silenzio di suo marito, fece le valigie e partì per una destinazione ignota persino ai figli.

In tutto il periodo della crisi Enrico non si era mai domandato se la moglie avesse o no un posto nel suo futuro. Lei era una «cosa» della sua vita, come il sogno della cascina, e da tempo non si era più interrogato sulla vitalità del loro legame, sullo spessore dei reciproci sentimenti. Dava tutto per scontato.

Ma il vuoto improvviso lasciato dall'assenza di lei lo spaventò a morte e lo costrinse a spostare il cono di luce da se stesso alle persone che gli stavano accanto.

Quanto a Lydia, di tanto in tanto telefonava ai figli: «Non sono io che me ne sono andata» diceva, «è lui che ha interrotto ogni rapporto tra noi...»

***

Proprio come Enrico, molti uomini a cinquant'anni si accorgono di aver evitato a lungo di interrogarsi sullo stato dei propri sentimenti e sulla qualità dei propri sogni.

Li hanno depositati dentro di sé, ai tempi della giovinezza, ritenendoli acquisiti una volta per tutte, e sono convinti di ritrovarli identici, quasi che il tempo e gli eventi non lasciassero il segno del loro passaggio.

È come se avessero nascosto una somma consistente di lire e non si chiedessero se quella moneta sia ancora in circolazione e se le banche accettino di cambiarla.

L'idea di possedere un «tesoro» diventa una fonte di acritiche, confortanti sicurezze: per qualsiasi evenienza si potrà sempre attingere a quella segreta riserva.

Quando però si decidono a dare una controllata, questi improvvidi «risparmiatori» si sgomentano perché quello che trovano non corrisponde più ai loro desideri. La moneta nascosta e tanto a lungo ignorata è ormai fuori corso.

A quel punto ci si trova di fronte a un'ineluttabile resa dei conti.

***

Tra le numerose lettere che ricevo quotidianamente, molte, come quella che segue, riguardano uomini in crisi.*

Gentile dottoressa,

le scrivo dall'albergo in cui vivo da cinque giorni, dopo essere andato via di casa. Ho cinquantaquattro anni e alle spalle una storia credo simile a tante altre. Ho conosciuto mia moglie all'università, ci siamo messi insieme (avevamo ventiquattro anni), dopo pochi mesi lei è rimasta incinta, per cui ci siamo sposati subito (matrimonio «imposto» dalle nostre famiglie, in particolare dalla mia). Io ho terminato gli studi in tutta fretta, laureandomi subito dopo la nascita della bambina e iniziando a lavorare molto duramente. Qualche anno dopo anche mia moglie ha concluso gli studi, ma non ha mai voluto lavorare, forse adagiandosi nella condizione di benessere economico che io ho creato per lei e per nostra figlia lavorando dodici-quattordici ore al giorno. Ha fatto la madre della nostra bambina e la moglie di un uomo che si potrebbe definire «di successo», certamente «arrivato». Ma l'amore? La passione? La complicità della vita a due? Trent'anni passati tra feste, ricevimenti, un po' di beneficenza, varie case da arredare, ma noi due? Io non ho mai avuto altre donne, lei ha avuto una breve relazione dodici anni fa. Nostra figlia si è sposata da due mesi e vive in un'altra città, io mi sono ritrovato solo con mia moglie e non ce l'ho fatta a reggere: sono certo di non amarla, credo di avere ancora del rancore per il suo tradimento di allora. Non attribuisco tutte le «colpe» a lei, anch'io certamente ho le mie responsabilità. Ora mia moglie mi propone una terapia di coppia, dice che la mia decisione di andar via è assurda, e si preoccupa anche di quello che diranno amici e conoscenti. Mia figlia ha preso le parti della madre, accusandomi di irresponsabilità e di essere «patetico». Io ho bisogno di prendere le distanze dalla mia vita: è così grave?

* Lettera inviata alla rubrica «Questioni d'amore» del «Corriere.it».

Non è grave che quest'uomo abbia deciso di prendere «le distanze» dalla sua vita, ma è triste che per trent'anni abbia ignorato i malesseri e le insoddisfazioni che piano piano si insinuavano dentro di lui.

Persino il tradimento della moglie – un chiaro segnale di allarme – è stato da entrambi accantonato, per non turbare un apparente quieto vivere.

***

Al contrario delle donne, quasi sempre vigili e critiche, almeno per quanto riguarda le proprie vicende sentimentali, gli uomini si impegnano in altri campi e trascurano o sottovalutano i sentimenti e le emozioni.

Per questo quando, tardivamente, si analizzano, scoprono che l'amore per la compagna scelta anni prima non è più quello di un tempo, che le passioni si sono sfarinate, che l'ansia li divora.

E allora si accorgono che non sono molte le possibilità che hanno di fronte a sé: o accettano il cambiamento e si conformano ai nuovi percorsi emotivi che nel frattempo si sono aperti per loro, o si rifiutano di rivedere, correggere e riadattare i sogni giovanili. In certi casi si «inventano» situazioni irreali e confortanti.

***

Milly ha incontrato all'inizio dell'estate, per motivi di lavoro, un affascinante sessantenne. Medico di successo, simpatico, intelligente, colto: ha cominciato a corteggiarla usando tutte le armi della seduzione.

Milly, sposata da molti anni, è una donna solida e avveduta e nemmeno per un attimo ha pensato che quell'incontro potesse mettere in pericolo il suo «granitico» matrimonio. Tuttavia resta impigliata nella rete che lui le tesse intorno con la verve, la raffinata conversazione, la cultura profonda e stimolante. Nei loro incontri lui fa mille riflessioni su se stesso e sui traguardi che intende ancora conquistare: racconta che il suo matrimonio è finito, che la moglie sta cercando altre strade affettive e che i tre figli si aspettano ormai da anni e senza apprensione che i genitori si separino.

Milly, all'inizio, raccoglie tutte quelle confessioni con comprensiva fiducia. Lui le dice che, per non commettere errori nel tracciare il nuovo cammino, sta facendo psicoanalisi e questo la rassicura ulteriormente.

Col passare dei mesi, però, la donna comincia a impensierirsi perché lui diventa sempre più incalzante. A quel punto, per evitare di trovarsi in situazioni spiacevoli, gli spiega che ha considerato il loro incontro come una piacevole parentesi, che non lascerà mai la sua famiglia, che tutto ciò che ha le basta.

L'ardente dottore non si dà per vinto. Ignora ciò che lei gli dice e continua a tempestarla di telefonate, e-mail, fiori e regali. Milly comincia a preoccuparsi in modo serio, dunque usa toni espliciti: gli dice che nella sua vita non c'è spazio per una nuova storia e lo prega di lasciarla in pace.

Ma più lei cerca di allontanarlo, più lui insiste sulla sua determinazione di lasciare la famiglia per cominciare una nuova vita accanto a lei.

Nel frattempo, tramite amicizie comuni, Milly si è procurata qualche informazione ed è rimasta allibita nel sapere che i figli e la moglie del delirante dottore non sospettavano nemmeno da lontano che la loro famiglia fosse in crisi e che pendesse su di loro una minaccia di separazione. L'uomo vive una perfetta vita di coppia; la moglie si sente amata e sicura e i ragazzi sono pronti a giurare di avere una magnifica famiglia unita e due genitori quasi perfetti.

***

Questo maturo innamorato, immagina, come tanti di poter lasciare le cose immutate, spostando, come in un trasloco, fantasie e sentimenti da una situazione emotivamente consunta a un'altra tutta nuova.

Le grandi passioni di uomini attempati per donne più giovani, quelle che i francesi chiamano *le démon du midi*, sono spesso un disperato tentativo di ridare ossigeno alle fantasie e ai sentimenti dei vent'anni. Innamorarsi come un ragazzo è, sul momento, più comodo e più esaltante del fare i conti con i cambiamenti intervenuti nel proprio paesaggio interiore, nelle relazioni con gli altri, nel mondo in cui si vive. Ancora una volta – un'ultima volta – si insegue un'idea dell'amore inteso come avventura, enigma, novità, anziché cercare la sicurezza, la stabilità, il controllo.

Il disagio c'è; l'importante è come lo si affronta.

Andarsene con l'amante giovane è una soluzione regressiva; progredisce solo chi sceglie di ripensare i vecchi rapporti, di negoziare al loro interno altre scelte, di elaborare nuovi e possibili progetti.

Ma non è facile – è tutt'altro che facile.

Fuga nell'eros

L'ultima novità in casa Gilli fu la macchina per stirare.

Laura aveva improvvise quanto ingovernabili passioni casalinghe e la sua cucina era stipata di ogni tipo di elettrodomestico, di volta in volta considerato irrinunciabile per il buon andamento del ménage familiare.

Da mesi perorava la nuova causa di fronte al marito, non troppo persuaso: «Una stiratrice simile alle presse della lavanderia mi permetterebbe di guadagnare un sacco di tempo e di avere una stiratura perfetta».

Alla fine, come d'altra parte accadeva ogni volta, la spuntò. Un pomeriggio verso le diciotto, il voluminoso oggetto del desiderio le fu consegnato a domicilio.

Fece portare la stiratrice nella «stanza degli armadi» e aspettò curiosa che l'imballaggio fosse rimosso. Avrebbe voluto mettersi a stirare subito, ma il ragazzo che aveva fatto la consegna le indicò una videocassetta.

«Le conviene vedersi le istruzioni filmate prima di usarla. Vedrà, sono fatte molto bene.»

Si spostò in salotto e attivò il registratore. Una stucchevole signora tutta sorrisi e moine le fece dal video i complimenti per il suo acquisto e poi cominciò a spiegare le cose più elementari: infilare la spina nella presa, pigiare l'interruttore, sollevare il coperchio.

«Come la fa lunga!» pensò la donna impaziente e, guardando l'ora, si rese conto di non avere più tempo.

Lei e il marito dovevano andare fuori a cena con gli amici; bisognava affrettarsi.

Spense il video, ripromettendosi di guardarlo con calma l'indomani.

***

Tornarono tardi e, come ormai accadeva sempre più spesso, Laura andò a letto e si addormentò prima che Gianni la raggiungesse.

Lui soffriva di insonnia e restava fino a tardi a vedere la tv, mentre lei arrivava a sera sfinita e crollava di sonno già durante la cena.

***

La mattina successiva Laura non aveva appuntamenti di lavoro; si mise quindi a guardare il video con calma per imparare tutti i trucchi di una stiratura impeccabile.

Lì per lì non capì.

C'era una macchia rossastra; la macchia si muoveva ritmicamente, avanti e indietro, come se l'operatore fosse ubriaco. Ci volle un po' di tempo perché si rendesse conto che stava guardando, in primissimo piano, un organo sessuale femminile.

Un uomo stava avvicinando la bocca alla macchia, e il suo ansimare era amplificato da una specie di rimbombo. Ma a quel punto Laura non avrebbe saputo dire se si trattasse dell'audio del film o dei battiti precipitosi del suo cuore.

Questo dunque guardava l'insonne marito nelle lunghe serate davanti alla tv!

***

Gianni era l'unico a usare quel videoregistratore. Anche quando affittavano qualche film che non erano riusciti a vedere al cinema, era sempre lui a manovrare l'apparecchio.

Dunque quell'indecente film non poteva essere che suo.

Nella mente di Laura si affollavano sensazioni confuse: ripugnanza, rabbia, paura, gelosia.

Com'era possibile che il marito fosse attratto da tanta volgarità? Come poteva mancarle di rispetto fino a quel punto?

Non facevano l'amore da un anno. Forse più. Lui aveva cominciato ad avere difficoltà di erezione, e ogni volta ne faceva una tragedia. A quel punto Laura aveva preferito evitare le occasioni.

Non le costava sacrificio: con la menopausa la sua disponibilità erotica si era ridotta e lei si era convinta che alla loro età il sesso fosse diventato un optional.

Una sera, qualche mese prima, Gianni scherzando le aveva parlato del Viagra.

«Potremmo provare» disse, «lo fanno in tanti.»

Nemmeno per un attimo lei aveva pensato che dietro quelle battute ci fosse qualcosa di serio.

«Non essere ridicolo» gli aveva risposto, chiudendo l'argomento.

Ora capiva che lui non aveva scherzato: le stava davvero proponendo un sesso finto, sostenuto chimicamente, non basato sul desiderio ma sugli effetti di un farmaco alla moda.

Era ancora convinta che il suo rifiuto di assecondarlo fosse stato sacrosanto.

Lui aveva aggirato l'ostacolo e si era messo a guardare quelle sconcezze. L'aveva tradita, ingannata, offesa.

Chi era veramente?

Certo non l'uomo che fin lì aveva creduto di conoscere.

***

Gianni venne a consultarmi perché, disse, la sua vita, che già era pesante e piena di angoscia, si era trasformata in un vero inferno da quando la moglie aveva scoperto i suoi solitari «vizi» notturni.

Era diventata rabbiosa. Gli buttava addosso tutto il suo disprezzo, e non voleva sentire ragioni.

Non che Gianni negasse la gravità dell'«incidente». Gli sembrava però che Laura lo usasse come pretesto: «Una specie di omnibus» disse, «su cui caricare tutto».

«Tutto?» gli domandai.

«Sì, tutto quello che nella nostra vita di coppia non è mai venuto fuori, le delusioni che ci siamo reciprocamente inflitte, le gelosie, qualche mia antica infedeltà. È come se lei volesse approfittare del mio errore per farmi pagare anche conti vecchi che dovrebbero ormai essere caduti in "prescrizione".»

***

Nei violenti scontri di quei giorni era venuto a galla lo stato di malessere che si era col tempo sedimentato nella coppia.

Laura si era rifugiata per anni in un comodo silenzio e, forse per non prendere coscienza della propria crisi, si era rifiutata di interrogarsi su quella di lui.

Atterrito dalle minacce della moglie di lasciarlo, Gianni elaborava linee di difesa deboli e contraddittorie.

Sosteneva che tutti gli uomini guardano immagini porno in tv e, passando al contrattacco, accusava Laura di freddezza e di inadempienza sessuale.

Giunse a sostenere che la sua debolezza per la pornografia fosse una forma indiretta di fedeltà.

«Mi sarei potuto fare un'amante» le aveva detto.

E lei, brutale: «Non te la sei fatta perché avevi paura delle brutte figure».

Gianni tentò allora una strada diversa: si rifugiò nella storia familiare.

Ricordò il piccolo calendario profumato che ogni anno i barbieri regalavano ai clienti di riguardo: suo nonno ne portava uno nel portafoglio.

In ogni pagina c'era una donna con pochissimi veli, anche se per niente simile alle discinte signore che guardava lui in televisione.

Quella era la pornografia ai tempi del nonno, e la moglie, che pure conosceva l'esistenza del pruriginoso libriccino, non si era mai sognata di lamentarsene o di fare scenate. Non era colpa di Gianni se il costume nel frattempo era cambiato.

I continui litigi sembravano non approdare a nulla; e tuttavia Gianni e Laura si stavano disperatamente aggrappando l'uno all'altra. Questo potei intuire dai racconti di Gianni.

Ciascuno con la sua crisi, ciascuno con le sue paure.

***

Delle sue ansie di cinquantenne Gianni aveva cominciato ad avere sentore ben prima delle défaillance sessuali. Ma fino a quando il suo corpo aveva funzionato, era rimasto persuaso che le sue fossero solo ubbie dovute allo stress, al lavoro, al cambio di stagione o ad altre sciocchezze.

Il primo insuccesso sessuale gli aveva tolto ogni illusione. La sua serpeggiante inquietudine era diventata un segno fisico, una concreta rappresentazione del declino.

Era diventato vecchio.

La moglie non aveva colto nulla della drammaticità del problema: si era adattata senza lamentarsi a una lunga astinenza. Anche lei, dunque, lo considerava un uomo finito.

Alla pornografia ci era arrivato per caso, una delle tante sere nelle quali, per aspettare il sonno, aveva manovrato fino a tardi il telecomando. Gli erano passate davanti scene di incredibile audacia. Erezioni lussureggianti si susseguivano l'una all'altra. E donne, tante donne pronte a tutto: miti, indolenti, adoranti, lascive.

Una febbrile eccitazione si era impadronita di lui e aveva provocato confortanti segnali di vitalità.

«Ho sentito irrompere in me l'adolescente di un tempo. "Bentornato, ragazzo" avrei voluto gridargli. Ero eccitato sì, ma soprattutto emozionato, commosso.»

I suoi appuntamenti notturni con il sesso televisivo erano stati, all'inizio, esitanti e carichi di disagio.

Poi si era deciso a vivere serenamente quel segreto ritorno alla pubertà che alleggeriva il peso della routine quotidiana.

Era stata l'autoindulgenza a tradirlo: finché si era sentito in colpa, si era comportato in modo guardingo. Ma poi si era rinfrancato.

Quella sera, trovando una cassetta nel videoregistratore, non era scattato in lui alcun allarme. Semplicemente aveva pensato di averla dimenticata la sera precedente.

«Se solo ci avessi buttato un occhio! Chissà, forse la signora che spiegava come stirare presto e bene mi avrebbe fatto lo stesso effetto delle donne nude dell'altra cassetta.»

***

La potente regressione alla quale Gianni si era abbandonato non era solo una risposta all'avvilimento dei ripetuti insuccessi sessuali. A ferirlo era stato l'algido distacco di sua moglie di fronte a un problema che pure li coinvolgeva entrambi. Si era sentito respinto, incompreso e forse segretamente deriso.

Il sesso era sparito, fra loro, e lei non aveva speso una sola parola su quel profondo cambiamento nella loro vita.

Il fatto che Gianni avesse avuto qualche défaillance non aveva cancellato in lui il desiderio sessuale che si presentava puntuale ed esigente quasi ogni sera.

Laura andava in catalessi appena toccava il letto.

D'altra parte, il timore di fallire ancora, aggiunto all'ansia di essere respinto apertamente da sua moglie, erano troppo forti perché Gianni trovasse il coraggio di provarci.

Nella sua fantasia, la moglie era diventata oggetto di desiderio e al tempo stesso un giudice e un'aguzzina.

Si erano stratificate in Gianni, sera dopo sera, la delusione, la dipendenza, la rabbia. Una miscela di sentimenti troppo pressante e pericolosa per essere a lungo contenuta.

***

Paradossalmente, la scelta della pornografia non dipende, in molti casi, dal fatto che la propria compagna abbia perduto attrattiva o non sia più desiderabile o eccitante.

Spesso la causa è un'altra: quando si sentono fragili ed esposti, gli uomini sono presi dall'angoscia di confrontarsi con un partner che ha condiviso con loro momenti migliori.

Temono di non saper reggere gli effetti che un eventuale insuccesso può provocare sull'altra.

Come i bambini traggono sicurezza dal fatto che le stesse fiabe siano loro ripetute sempre con identiche parole, anche gli uomini in crisi si sentono rassicurati dalla ripetitività e prevedibilità della pornografia.

Ecco un mondo che non lascia mai spiazzati o sorpresi.

Ciò che in genere sconvolge le mogli è l'eccesso di certe rappresentazioni.

La pornografia non si ferma davanti a nulla: ogni scena promette qualcosa di più forte, ogni gesto allude a una trasgressione più audace.

Questo non significa che gli uomini appassionati di quegli spettacoli coltivino il desiderio di mettere in atto ciò che vedono. Ne sono attratti, eccitati, avvinti, perché hanno bisogno di coltivare nella fantasia qualcosa di estremo, che scarichi le loro tensioni. Guardano ciò che nella realtà non farebbero mai, cercando di esorcizzare la loro inadeguatezza e vulnerabilità.

***

Benché abbiano partecipato ai grandi rivolgimenti culturali del 1968, molti cinquantenni non sono riusciti a liberarsi dall'idea che il sesso sia prevalentemente sfida, conquista e prestazione.

Anche chi aveva a suo tempo contestato il primato della genitalità rispetto a un rapporto amoroso più attento ai sentimenti, si lascia prendere dallo sconforto ai primi segnali di inefficienza fisica.

Accantonate da tempo le illusioni della cosiddetta «liberazione sessuale», gli uomini e le donne hanno dovuto misurarsi con una società sempre più competitiva ed esigente, nella quale è fortissima la convinzione che il valore di una persona dipenda in larga misura non da ciò che è, ma da ciò che fa.

Ecco perché, subdolamente insediata nella testa degli uomini e ancor più nelle loro gonadi, resta l'idea che la prestanza fisica sia uno dei pilastri portanti della propria identità.

Di fronte a uno o più insuccessi sessuali, gli uomini vivono sentimenti di vuoto e di smarrimento. Questo vuoto risulta tanto più inquietante se hanno raggiunto un'età nella quale si vanno parallelamente ridimensionando tutti gli altri riferimenti: il «potere» sociale, economico, politico o familiare.

Le famose «sbandate» amorose dei cinquantenni nascono anche dal fatto che una nuova storia rimette miracolosamente in circolo l'eccitazione, il desiderio e la passione. Quel risentirsi forti e vigorosi proprio quando si era cominciato a temere un inesorabile declino, diventa un potentissimo balsamo per la loro identità lacerata.

A volte è così intensa e trionfale la conferma della ritrovata vitalità che non esitano a lanciarsi in spericolate affermazioni, come nella storia che segue.

***

Qualche anno fa seguii in psicoterapia una giovane donna, Maria, che aveva una travolgente relazione con un uomo di ventidue anni più vecchio di lei, naturalmente sposato e padre di due figli. Di questo, almeno nei primi tempi, Maria non sembrava affatto impensierita.

Lui era stato fin dall'inizio molto chiaro e le aveva detto che, pur amandola moltissimo, non intendeva mettere in discussione i suoi assetti familiari.

Le fasi iniziali di queste storie sono sempre un po' incantate: le sognanti ragazze non hanno dubbi sul fatto che il loro legame sarà tanto forte da poter reggere e superare anche le gravi limitazioni che comporta un amore dimezzato.

Ben presto però cominciano, tormentose, le insicurezze.

«Giura di amarmi» raccontava Maria «e dice che con sua moglie ci sta solo per i figli. Io non so se è proprio vero. Ogni tanto mi viene il dubbio che lui sia attratto da me solo sessualmente. Questo mi dà una continua inquietudine perché, se davvero fosse così, lo sentirei come un amore parziale e poco gratificante.»

Ciò che aveva insinuato il sospetto nella mente della ragazza era stata una frase che lui le ripeteva spesso, nei momenti più ardenti: «Non ti amo tanto per come sei, ma per come mi fai sentire».

Queste parole per molto tempo avevano avuto sulla giovane donna un effetto esaltante. Le davano la sicurezza di essere unica, desiderata e indispensabile. Ma un impulso narcisistico l'aveva indotta, una sera, a formulare una domanda. «Spiegati meglio» gli aveva detto, «dimmi esattamente come ti faccio sentire.»

A tutta prima lui era rimasto un po' stupito, ma poi aveva sorriso compiaciuto della ingenuità della ragazza.

«Ma non capisci, piccola, che solo con te riesco ancora ad avere un'erezione?» le aveva risposto, convinto di metterle in mano le chiavi della felicità. E aveva aggiunto ispirato: «Da quando ti conosco sono tornato uomo».

A Maria naturalmente la spiegazione non era piaciuta per niente. Non è esaltante sentirsi una infermiera o una, sia pure insostituibile, terapia.

***

Il problema di quell'uomo, a suo dire, «rigenerato», nasceva dal far ruotare la coscienza di sé intorno all'asse dell'efficienza sessuale. È molto probabile che quell'atteggiamento abbia finito per condannarlo alla solitudine e all'angoscia.

In realtà il sesso può dare gioia, piacere, eccitazione, ma da solo non basta a costituire un'identità, soprattutto quando, con l'età matura, il corpo comincia a rivelare limiti e cambiamenti.

L'amante giovane

La risposta più facile e frequente che certi uomini scelgono per superare le proprie crisi, soprattutto all'approssimarsi della terza età, è un'amante giovane.

A prima vista una relazione extraconiugale sembra il modo più adeguato per soddisfare un bisogno imperioso: rimettere in gioco assetti emotivi che si sono col tempo assopiti.

Con un'altra compagna si pensa di poter attuare un cambiamento non piccolo nella propria vita: ci si aspetta di riaccendere vecchi sogni e alimentarne di nuovi, di riattivare la fiducia in se stessi, di conferire nuova vitalità a sentimenti, speranze, slanci e progetti.

Troppo spesso però l'amante è una risposta che non funziona.

Perché?

Perché la domanda non è quella giusta.

La forte attesa di cambiamento si incaglia su insidiosi fondali di ansia, rimorsi e mancanza di coraggio.

L'infedeltà smuove una massa di indicibile sofferenza per tutti, traditi e traditori, e alla fine si scopre che non è mai stata una reale alternativa alla situazione preesistente.

L'interrogativo principale resta inespresso perché la risposta risulterebbe troppo inquietante.

La sensazione di non aver raggiunto gli obiettivi giovanili, di avere perso la rotta dei propri desideri e di aver vissuto in una sorta di quiescenza emotiva, richiederebbe il coraggio di rimettere davvero tutto in gioco e di misurarsi con prospettive mai esplorate fino a quel momento.

Bisognerebbe «liberare» il presente, chiudendo i conti in sospeso con il passato e costruendo modelli di vita più svincolati e leggeri.

Ci vorrebbe insomma il coraggio di una rivoluzione.

Ma è proprio di fronte all'eventualità di cambiamenti significativi che molti arretrano atterriti.

Si cercano le strade più facili, si semplifica il dilemma, si va avanti persuasi di aver messo in moto una trasformazione, ma rassicurati nell'inconscio dal fatto che nulla cambierà.

Con simili inconsapevoli espedienti si cristallizza lo stato delle cose, impedendo loro sia di migliorare sia di peggiorare.

L'amante – benché scateni passioni, rabbia, conflitti e sofferenza – resta in moltissimi casi una risposta, per così dire, «tangenziale»: offre la possibilità di non toccare il centro del problema e permette di differire a un tempo indefinito decisioni più radicali.

***

Un nuovo amore potrebbe in realtà essere il segnale di una forte e vitale rimessa in discussione della propria vita.

La rivoluzione demografica offre ai cinquantenni – uomini o donne – l'opportunità di guardare a un futuro ancora molto lungo, ed è normale che, in simili condizioni, si possa avere voglia di provare a ricostruire se stessi, prendendo direzioni diverse da quelle scelte e sperimentate in passato.

D'altra parte il dilatarsi delle età ha permesso che in meno di un secolo si verificasse il raddoppio della durata media di una coppia. Se un tempo venticinque anni di matrimonio sembravano già un traguardo rispettabile, oggi si vedono con frequenza coniugi che di anni insieme ne hanno inanellati sessanta.

Nei matrimoni saldi ed equilibrati una prospettiva di così lunga convivenza è alimentata dall'intreccio quotidiano di esperienze, emozioni e memorie. I due coniugi hanno finito per inventare, provando e riprovando, un modo soddisfacente e confortevole di stare in due.

La vita della coppia di lungo corso ha un suo andamento pacato e tranquillo. I conflitti, le rabbie e le passioni della fase di reciproco aggiustamento si sono con gli anni placati, o si sono inabissati nelle pieghe del non detto.

I progetti coltivati all'inizio della convivenza non sono più progetti: i figli, la casa, il lavoro, la realizzazione di sé dovrebbero aver trovato un più o meno soddisfacente compimento.

Dunque, se e quando ci si interroga sulle possibili alternative al restare insieme, i dubbi si fanno insidiosi: «Che ci faccio qui?», «È questo ciò che voglio?», «Sono ancora in tempo per cambiare?», «Voglio davvero cambiare?».

Le risposte si presentano numerose e contraddittorie. E spesso sono solo un modo per eludere le domande.

Piercing

Dal bordo della strada la ragazza agitava scompostamente il braccio. Stava gridando qualcosa, forse chiedeva aiuto.

Paolo accostò sulla destra quasi in modo automatico, più per curiosità che per gentilezza.

«Questo bastardo non va più né avanti né indietro...» disse lei scarmigliata assestando rabbiosi calci al motorino reclinato sul bordo della strada.

«Proprio adesso che dovevo presentarmi a un colloquio di lavoro... Non voglio arrivare in ritardo, non sarebbe un bell'inizio. Può portarmi in via dei Villini 8, per favore?»

«Non sono un taxista» avrebbe voluto dirle, ma si trattenne, colpito dal piglio fiero di lei e incuriosito dal fatto che via dei Villini 8 era l'indirizzo di casa sua.

«Piacere, Fiorella!» sorrise, sedendosi in macchina come un'improbabile regina sul trono. «Uffa, mi è venuto un caldo!»

Si sfilò il pesante giaccone e con un gesto disinvolto lo buttò all'indietro verso il sedile posteriore.

Paolo si stupì di quell'atteggiamento tanto naturale e sfrontato.

«Mi tratta come se fossi un suo coetaneo» pensò sconcertato, e ricordò gli eterni discorsi, suoi e dei suoi coetanei, sulla maleducazione delle nuove generazioni, con la fastidiosa sensazione di essere un vecchio che diceva cose da vecchio.

«Io sono Paolo» disse divertito, «e vado proprio in quella via e a quel numero...»

«Ma si figuri!» rise lei. «Vuoi vedere che va anche lei a cercare lavoro e magari mi soffia il posto? Oh no... non ce la vedo proprio nei panni di estetista. Cos'è, un rappresentante?»

Paolo esitò dubbioso: «Sì, in un certo senso...».

Buffo come a volte, senza volere, le persone colgano certe pieghe nascoste... O forse era solo una coincidenza.

Aveva in tasca la lettera di dimissioni: fra qualche giorno avrebbe lasciato il suo lavoro in banca per diventare... sì, per diventare un «piazzista».

Da un paio di settimane sua moglie era ritornata all'attacco chiedendogli – e lo faceva da anni – di prendere la rappresentanza di una ditta di cosmetici con la quale la sua azienda concludeva grandi affari.

«Sarebbe un lavoro meno statico, meno ammuffito. Sei fortunato ad avere ancora una possibilità a cinquanta e passa anni. E guadagneresti ben di più di quello che porti a casa adesso...» diceva Ivana. E, di fronte ai reiterati rifiuti, lo accusava di mancare di coraggio.

Lui aveva nel sangue la filosofia del «posto fisso», ereditata dalla sua prudentissima famiglia. D'altra parte aveva un carattere schivo e poco incline all'avventura: non gli piaceva l'idea di lasciare il decoro e il prestigio del suo posto da bancario per andare a vendere rossetti per signora.

Alla fine però aveva ceduto, più rassegnato che convinto.

Quando l'aveva incontrata, sua moglie faceva la commessa in una piccola profumeria in centro.

I proprietari erano due anziani senza figli che le si erano molto affezionati e che, una volta cessata l'attività, l'avevano incoraggiata a rilevare il negozio, prima affidandogliene la gestione, poi cedendoglielo a condizioni molto favorevoli.

Era cominciata così l'irresistibile ascesa della sua intraprendente signora.

In pochi anni aveva ampliato la profumeria, poi ne aveva acquistate una seconda, una terza e una quarta. Alla fine, trasformatasi da commerciante in brillante imprenditrice, aveva «convertito» le profumerie in lucrosi centri di estetica.

La loro vita si era trasformata: Ivana aveva compiuto un suo personale «miracolo economico» che si era allargato a ombrello sulla famiglia. Erano diventati ricchi e si potevano permettere agi cui non avevano osato nemmeno sognare: la villa in collina, le auto di lusso, i viaggi in località esotiche ed esclusive.

Gli sforzi di mantenere la dignità di un lavoro solo suo ormai gli sembravano vani: doveva pur collaborare alla crescita dell'azienda che gli consentiva una vita comoda e sicura.

La lettera di dimissioni non si era ancora deciso a presentarla; ci aveva provato quella mattina e, quando gli avevano detto che il direttore era molto occupato, non gli era sembrato vero di poter rimandare per un po' un colloquio tanto imbarazzante.

***

L'auto si era riempita del profumo forte e dolciastro della passeggera.

Era piccola e tonda, ma dei chili di troppo non sembrava impensierita. Indossava pantaloni neri aderentissimi, lunghi fino alle caviglie, e una ridottissima canottiera dello stesso colore, resa ancora più striminzita da una pancia non proprio piatta.

Un appariscente tatuaggio ricopriva la spalla e si allungava fino al braccio. Era un disegno orientale, un drago arzigogolato e terribile.

Paolo ripensò alla tragedia che era scoppiata in casa sua quando la figlia sedicenne si era fatta tatuare – all'insaputa della madre – un minuscolo fiorellino sul polso.

«Se spera che mia moglie l'assuma così conciata...» pensò.

Ivana aveva fatto dell'eleganza e del buongusto una specie di marchio di fabbrica. Era attentissima ai particolari ed esigente fino all'intolleranza. Le persone che lavoravano per lei, a qualsiasi livello, dovevano essere inappuntabili. La ragazzotta che gli sedeva accanto non aveva alcuna possibilità di essere scelta.

«Che belle case che ci sono da queste parti...» fece Fiorella, guardando assorta fuori dal finestrino.

Paolo fu incuriosito da uno strano baluginio nella bocca di lei.

«Porti la macchinetta per i denti?» s'informò, tanto per mantenere una parvenza di conversazione.

«Stai scherzando?» fece lei, passando piccata dal cerimonioso lei a un più diretto tu. «I miei denti sono perfetti. Tu stai parlando del piercing...»

Paolo ricacciò la domanda che gli era venuta spontanea, una domanda da vecchio, appunto: «Che gusto c'è a farsi tormentare da quel coso?».

Cercò invece di mostrarsi interessato all'argomento: «Ce l'hai da molto?».

«Il piercing? Da quattro mesi... Ne ho due...»

«Due? Uno sulla lingua e l'altro?»

Subito capì che si stava cacciando in un guaio.

«L'altro...» disse lei con occhi ridenti, «l'altro non te lo posso dire... e nemmeno te lo posso far vedere...»

Mille volte, in seguito, Paolo avrebbe ripensato all'intensissimo turbamento provocato in lui da quelle parole.

Non si era eccitato, giurava a se stesso: si era commosso.

Gli sembrò che lei gli avesse proposto una specie di «gioco del dottore» e gliene fu grato. Non era una trappola erotica, quella che gli si apriva davanti, ma un mondo infantile avvolgente e dimenticato.

La fece scendere poco prima del cancello di casa cercando di contenere la sua strana inquietudine.

«Ciao, grazie mille. A buon rendere!»

Uscì dall'auto, goffa e festosa.

«Chissà cosa mai pensa di rendermi» pensò Paolo, rispondendo al saluto con un cenno.

***

«Villa Gaia» era una costruzione liberty, solida ed elegante, immersa nel verde residuo di una collina quasi tutta divorata dalla speculazione edilizia.

Ivana l'aveva acquistata cinque anni prima per farne la prestigiosa sede della sua azienda. Tutto il pianterreno dell'edificio era adibito a uffici e magazzini, mentre ai piani superiori c'era l'appartamento nel quale vivevano.

Paolo non passò dall'ufficio. Non voleva correre il rischio di ritrovarsi faccia a faccia con Fiorella e non voleva nemmeno assistere all'inevitabile sconfitta cui la ragazza stava andando incontro.

A colazione, però, non poté far a meno di informarsi.

«Ho dato un passaggio a una tizia che veniva per un posto da estetista. Le hai parlato?»

«Le hai dato un passaggio? Come ti è venuto in mente?»

Era normale che sua moglie rispondesse a una domanda con un'altra domanda e che assumesse un tono critico e censorio. Ormai non ci faceva più caso da molto tempo, ma quel giorno se ne irritò.

«L'hai assunta o no?» chiese, con un'aggressività che lo stupì.

Non l'aveva assunta.

Benché non avesse avuto alcun dubbio in proposito, Paolo provò un senso di partecipe dispiacere.

Credette, sul momento, che si trattasse solo di un moto di solidarietà nei confronti di una perdente. Ma il pensiero di lei non lo abbandonò.

Per tutto il giorno successivo tornò con la mente a quel breve incontro.

Si sentiva, suo malgrado, intenerito, ripensando all'inutile ferocia del drago tatuato sulla spalla di lei: non sarebbe bastato a difenderla dagli attacchi della vita. Subito un altro pensiero più subdolo, più invadente, si accavallò al primo: poteva essere lui il drago, pronto a proteggerla dalle insidie del mondo.

***

I giorni passavano senza che l'oblio si decidesse a fare il suo lavoro.

Fiorella si insediò stabilmente nei sogni a occhi aperti di Paolo: un genere di sogni che non faceva più da quando era ragazzo e che improvvisamente occupavano gran parte dei suoi giorni e delle sue notti.

Solo quando maturò in lui la decisione fermissima di rivederla, si rese conto che non aveva alcun indizio, alcuna possibilità di rintracciarla.

Questa constatazione trasformò i vaghi giochi dell'immaginazione in urgenza febbrile.

Provò a ricordare ogni dettaglio della loro conversazione, per scovare un particolare anche minimo che potesse metterlo sulla buona strada.

Ma si erano detti solo cose futili e banali.

Si immaginò in atto di bussare alla porta di tutti i centri per piercing e tatuaggi della città.

«Non sarà così comune» si diceva «farsi applicare degli stupidi anellini nelle parti intime. Basterà chiedere... già, chiedere cosa? "Conosce una ragazza che si è fatta mettere un piercing nella vulva?"»

La parola avrebbe fatto ridere tutti e lui si sarebbe subito rivelato per quel che era: un alieno piovuto in un mondo che non era il suo.

Eppure era la strada giusta, ma lui non avrebbe mai trovato il coraggio di esporsi con una domanda così imbarazzante.

***

Si svegliò di soprassalto. Forse era stato un brutto sogno a dargli quell'improvviso senso di angoscia. Il buio, che di solito lo faceva sentire protetto, gli procurava quella notte un'apprensione profonda.

Non poteva svegliare Ivana accendendo la luce. Restò fermo con gli occhi sbarrati, cercando di rintracciare i motivi del suo cupo risveglio. Li trovò subito.

Uno era l'improvvisa consapevolezza di aver dimenticato di consegnare la sua lettera di dimissioni. Come aveva potuto?

Il colloquio di assunzione per il nuovo lavoro era fissato per l'indomani e ancora non si era deciso a licenziarsi. Ivana si sarebbe inferocita.

L'altro motivo era Fiorella e l'impossibilità di ritrovarla.

L'ansia si sovrappose all'ansia, i pensieri ai pensieri. Fu così che gli venne in mente che nell'ufficio di Ivana... Sì, proprio lì, fin dal primo giorno, l'indirizzo di Fiorella e i suoi numeri di telefono erano scritti da qualche parte.

Come aveva fatto a non pensarci prima? Sua moglie aveva di sicuro preso nota sull'agenda dell'ora dell'appuntamento e dei possibili recapiti dell'aspirante estetista.

L'ansia si trasformò in eccitazione. Scivolò fuori dal letto, e al buio attraversò la camera. Tratteneva il respiro; ma non poteva trattenere i battiti del cuore; quel rumore forte nel petto lo avrebbe tradito...

Si sentiva come un bambino che va a saccheggiare la dispensa, ma non aveva tempo di preoccuparsi del ridicolo.

In ufficio non osò accendere la luce: si mosse come un ladro, aiutandosi con la flebile fiammella dell'accendino.

La grande agenda era fittissima di note. Sfogliò le pagine a ritroso fino ad arrivare a quel fatale lunedì.

Accanto al nome, Fiorella Lenzi, sua moglie aveva scritto un grande «NO» seguito da tre punti esclamativi.

Copiò il numero di telefono e tornò in camera con il prezioso foglietto nel taschino del pigiama. Si infilò cauto a letto, con l'idea di abbandonarsi alle mille congetture che adesso la possibilità di telefonare gli offriva. Ma non ebbe il tempo di appoggiare la testa sul cuscino che già era caduto in un sonno di piombo.

***

«Paolo, chi? Quello che mi ha dato un passaggio? Certo che mi ricordo, se non era per te non arrivavo in tempo quella mattina... È vero che quel viaggio me lo potevo anche risparmiare...»

Dopo aver tanto desiderato parlarle, ora Paolo non sapeva che dire.

Perché l'aveva chiamata? Che cosa voleva da lei?

Non avrebbe saputo rispondere, o forse stava cercando fino all'ultimo di non dare un nome a ciò che lo aveva spinto a chiamare.

Ma Fiorella non gli fece domande: si comportò come se trovasse normale quella telefonata e ancora più normale che lui le chiedesse dove e quando poteva passare a prenderla.

Il resto andò da sé.

Paolo non avrebbe mai immaginato di finire nel letto di una donna in così breve tempo e senza altre spiegazioni che i gesti e gli sguardi. Ai suoi tempi, una cosa simile non sarebbe stata possibile. Doveva aver perso qualche passaggio dell'evoluzione dei costumi.

Lei viveva sola, in un monolocale lindo e luminoso. Leggere come il velo di una sposa, due lunghe tende bianche alla finestra davano alla stanza un senso di levità e di frescura. Si sentì accolto da braccia amorose ancor prima di entrare nel letto di Fiorella. Tutto gli sembrava di colpo tanto facile!

Pensò che nel corso degli anni aveva permesso al suo cuore di pietrificarsi a poco a poco. Se ne rendeva conto solo adesso perché la freschezza, la spontaneità, l'infantile entusiasmo di Fiorella gli accendevano dentro emozioni dimenticate.

***

Mi è accaduto spesso, nel corso degli anni, di perdere cose: occhiali, chiavi, portafogli, documenti. E, ogni volta, quelle perdite mi hanno procurato uno sgomento enorme, del tutto sproporzionato rispetto al valore di ciò che avevo smarrito.

Non avevo idea però che ci si potesse sentire altrettanto disorientati vivendo l'esperienza opposta: quella di trovare portafogli, documenti, chiavi di sconosciuti.

Avere tra le mani la «roba d'altri», comporta la violazione, ancorché necessaria, di un mondo che non ci appartiene. Ci si sente indiscreti e invasivi, e questo crea un velato disagio.

Quel pomeriggio, eccezionalmente, stavo facendo la nonna. Avevo portato i miei nipotini al parco e li guardavo giocare, standomene seduta all'ombra di un platano.

Il portafoglio era sotto la panchina, forse scivolato dalla tasca di qualcuno che era stato lì prima di me.

Esitai a lungo, mi guardai intorno sperando invano di vedere un vigile o un poliziotto a cui affidare quell'oggetto indesiderato. Alla fine dovetti arrendermi. Frugai tra biglietti, foto e banconote, trovai una carta di identità con dentro un foglio sul quale erano segnati due numeri di cellulare.

Avrei potuto ignorare quell'indicazione e portare il portafoglio al primo ufficio di polizia. Conoscevo, però, l'ansia di chi perde un portafoglio che non contiene solo denaro, ma anche foto, appunti e altre cose personali. Ero memore del sollievo e della gratitudine procurati dalla telefonata di uno sconosciuto che annuncia l'avvenuto ritrovamento.

Uno dei due numeri risultava «non raggiungibile».

Il secondo era attivo: suonò a lungo prima che rispondesse una voce di donna. Dopo essermi presentata, le domandai se conoscesse il signor Paolo Lumarzo.

«Certo» fece lei tra stupore e apprensione, «è mio marito. Gli è successo qualcosa?»

Le spiegai del rinvenimento e le diedi il mio indirizzo. Alla fine, quando tutto era stato detto, la donna fece un'ultima domanda: «Dove l'ha trovato?».

«Nel parco di Villa Gruber» risposi, «ma sto andando a casa. È più comodo per me se venite a ritirarlo lì.»

Le mie parole – adesso lo so – avevano agito come la tremula fiammella di una miccia che avanza lenta e inesorabile verso polveri pronte all'esplosione.

L'ultimo posto nel quale Paolo sarebbe dovuto essere, a quell'ora del pomeriggio, erano i giardini pubblici. Ivana, che da un po' di tempo notava nel marito strani comportamenti, non si fece sfuggire l'indizio e tese la sua trappola. Non riferì a Paolo la mia telefonata. Si limitò a domandargli com'era andata la sua giornata.

«Come vuoi che sia andata?» disse lui ignaro. «Sono stato in ufficio tutto il giorno!»

«Dunque il tuo portafoglio c'è andato da solo, a Villa Gruber?»

***

Malgrado il guaio che, senza volere, gli avevo combinato, Paolo, passando per il ritiro, mi portò dei fiori bellissimi.

«Per ringraziarla» spiegò «di ciò che ha fatto per me.»

«Guardi che ho fatto solo il mio dovere...»

«Eh no, lei ha fatto molto di più... È arrivata nel momento giusto. Il mio portafoglio poteva essere ritrovato da un avvocato, da un ingegnere, da una colf... invece l'ha trovato una psicologa, proprio mentre mi stavo rendendo conto che di una psicologa avevo un gran bisogno...»

Pensai che fosse la solita frase fatta. Invece due giorni dopo mi chiamò per un appuntamento.

Mi spiegò di essere depresso perché aveva chiuso da poco una relazione extraconiugale.

«È durata sei mesi» disse, «ed è stata intensissima. Con quella ragazza avevo perso ogni ritegno. Andavo con lei al cinema, in pizzeria, a far shopping. Mia moglie non si è mai accorta di nulla. La volta che sono andato ai giardini da solo, per leccarmi le ferite, ho perso il portafoglio e mi sono fatto beccare...»

«Mi è venuto anche il sospetto» confessò «che lo smarrimento non sia stato casuale. Avevo l'imperiosa necessità di liberarmi dal mio segreto e forse anche di punirmi per la mia dabbenaggine.»

***

Ciò che attraverso la psicoterapia Paolo voleva capire era il posto che occupava nella sua famiglia.

Ivana era molto più in gamba di lui e i suoi successi erano lì a testimoniarlo. Aveva fatto tutto da sola. Paolo le era stato accanto come uno spettatore inutile e passivo.

Dunque era un uomo senza valore?

Ecco la domanda che sempre più spesso lo incalzava.

Quando Fiorella era salita la prima volta sulla sua auto, lui aveva appena scritto la lettera di dimissioni da presentare in banca. Una resa incondizionata.

Il provvidenziale incontro gli aveva permesso di rimandare una presa di coscienza. Per qualche mese aveva addirittura giocato con l'idea di ricominciare tutto daccapo. Si era ritrovato dentro un'irruenza da ragazzo e già pensava alla vita ardente che si sarebbe potuto regalare con la sua nuova donna. Altro che dimissioni! Sarebbe rimasto in banca e avrebbe vissuto solo del suo lavoro.

Ma Fiorella aveva ventiquattro anni, un fidanzato e tanti amici della sua età. Lui ne aveva cinquantatré e tutto ciò che possedeva non era mai stato davvero suo.

Nel mondo di Ivana si era sentito respinto ai margini dall'intraprendenza di lei, ma anche in quello di Fiorella occupava una posizione periferica.

Il sesso con lei, seppure inebriante, era e non poteva che essere una parentesi.

Né gli incontri travolgenti né le allegre scorribande in città potevano bastare a riempire il vuoto che lo assediava.

Il fatto che la ragazza fosse incolta e primitiva non solo lo inteneriva, ma gli sembrava un giusto contrappasso rispetto alla maniacale ricerca di stile imposta da Ivana. Poi, col tempo, cominciò a provare un crescente imbarazzo per le reazioni troppo rozze e ingenue della sua compagna.

Un giorno gli raccontava con solidale partecipazione la vicenda di una sua amica che aveva avuto un parto drammatico. «Pensa» aveva detto compunta «che, dopo tante ore di travaglio, il bambino è nato caotico.» Lui le spiegò naturalmente la differenza tra caotico e cianotico, ma il ruolo di pigmalione non gli si addiceva.

Non poteva continuare, non perché avesse particolari sensibilità per il buon uso della lingua italiana, ma perché di colpo l'autoinganno gli si era svelato: con quel rapporto stava cercando un espediente facile per trovarsi in posizione di superiorità.

Era facile con Fiorella sentirsi superiore. La vera prova andava fatta con Ivana, che col tempo era diventata irraggiungibile per lui.

A sorpresa, si era sentito invaso da una profonda nostalgia per sua moglie e, una dopo l'altra, gli erano affiorate le domande alle quali fino a quel punto aveva cercato di sfuggire.

Che cosa era rimasto del suo matrimonio?

Poteva e voleva davvero farne a meno?

Come mai la sua vita si era impoverita a tal punto?

Nessuno di quegli angosciosi interrogativi aveva una risposta immediata e indolore.

La fine di un esilio

Per tradire la moglie, Maurizio, un altro uomo in crisi, non aveva aspettato di avere cinquant'anni. Al contrario, ci si era messo d'impegno fin dal primo anno di matrimonio. Imbastiva relazioni amorose con la diligenza di un collezionista. Giurava di essere un uomo fedele perché – a parte il suo legame coniugale – non aveva mai iniziato una relazione senza avere prima chiuso la precedente.

Con le donne era galante e pieno di attenzioni: non esitava a corteggiarle in pubblico, in presenza della moglie, che appariva tollerante e silenziosa come una madre che assiste compiaciuta alle prodezze di un figlio troppo vivace.

D'altra parte, quelle condotte da seduttore erano anche una copertura, qualcosa che le consentiva di non vedere e di non capire le offese che lui le infliggeva.

«È fatto così» sospirava, «è il suo carattere. Proprio perché le corteggia in mia presenza, sono sicura che non mi tradirebbe mai.»

Il loro legame era basato su questa alleanza di ferro. Lei tollerava i tradimenti del marito fingendo di non vederli; lui mascherava le sue profonde insoddisfazioni dietro il ruolo di playboy.

In questo ménage collaudato e all'apparenza solidissimo, la decisione di Maurizio di lasciare la moglie deflagrò improvvisa.

Lei non si dava pace. «Non sono stata sempre come lui mi ha voluto?» era la sua domanda disperata.

Era accaduto che, giunto ai cinquant'anni, Maurizio aveva avvertito l'esigenza di smascherare la falsificazione dei suoi desideri e dei suoi veri bisogni. Alla fine si era deciso a porre a se stesso le domande giuste.

«In tutti questi anni» mi disse nel corso di una drammatica seduta, «sono stato in esilio. Un esilio da me stesso, volontario e per tanti versi anche felice. Ma ero lontano dalla mia autenticità, dalla mia essenza più vitale... Ora sento di essere altro e per questo devo ripartire da zero. Da questo cambiamento sono terrorizzato, ma lo sarei ancor più se dovessi restare nel soffocante benessere che il pur grande amore di mia moglie mi assicurerebbe...»

***

Andare o restare, scegliere una vita diversa o tenersi quella che si ha?

Per non rispondere a questa onerosa domanda a volte si preferisce scegliere la fuga – cioè «*l'atteggiamento di chi, per mancanza di volontà o di capacità di risolvere un problema, ricerca soluzioni di difficile realizzazione o potenzialmente pericolose*».*

* Giacomo Devoto - Gian Carlo Oli, *Il dizionario della lingua italiana*, Le Monnier, Firenze 1990.

***

Se la rottura del legame coniugale può rivelarsi pericolosa, non è detto che un matrimonio salvato a tutti i costi – per paura, per quieto vivere, per debolezza – sia la decisione più saggia.

Lo dimostra la testimonianza riportata qui di seguito.

Sono sposato da ventiquattro anni, mia moglie è un'affermata professionista, i miei figli sono ormai prossimi all'autonomia sia economica sia psicologica.

Il mio è stato un matrimonio sbagliato. Di comune accordo, mia moglie e io abbiamo deciso di restare insieme per i figli, ma forse anche per una sostanziale mancanza di coraggio di entrambi. Non sono stati anni drammatici.

Ho trascorso, in apparente tranquillità, una vita senza anima finché, superata la cinquantina e ormai in vista del pensionamento, ho incontrato per caso – dico «caso» forse solo perché non oso dire «fato» – una donna, di tredici anni più giovane, a sua volta sposata, con un matrimonio che sembrava in buona salute.

È scattata un'intesa profonda. Un'esperienza d'amore totale, travolgente, intensa come mai avrei immaginato. L'illusione che un'altra vita sarebbe stata possibile.

È durata qualche mese, il tempo per capire l'enormità dei problemi che una scelta simile avrebbe comportato.

E, ancora, la mia angoscia: che senso avrebbe avuto legarla a me per un po' d'anni – quelli che mi restano, certo non i migliori nell'esistenza di un uomo – con la certezza, per puri e semplici motivi anagrafici, che lei, dopo, sarebbe finita per vivere da sola per tanto, troppo tempo? Non sarebbe stato un atto di egoismo?

Non ho trovato la forza per una scelta radicale che non fosse la rinuncia. Lei si è riavvicinata al marito.

Sono dunque ritornato ai libri, allo sport, a una insignificante solitudine, a una moglie distaccata e risentita.

Credo di avere sbagliato, perché non si può sempre rinunciare. Ma è troppo tardi. Un'esistenza può essere compromessa da scelte sbagliate, per quanto buone fossero le intenzioni. Ci sono colpe senza perdono...*

***

La mancanza di coraggio che quest'uomo non si perdona, non riguarda solo la sua rinuncia di cinquantenne, ma l'inerzia che ha adottato per gran parte della sua vita affettiva. Oggi rimpiange la donna che non ha saputo trattenere accanto a sé, ma il suo errore è di non aver mai dato spazio ai suoi desideri profondi e di non essersi mai interrogato sulla direzione che desiderava dare alla sua vita.

Accade a molti di sognare di fuggire con l'amante ben prima di aver stabilito dove intenderebbero fuggire.

Lo scrittore e filosofo americano Sam Keen racconta che, nel pieno di una crisi personale, fece visita a un amico, «mistico, filosofo, uomo che aveva familiarità con le tenebre e con i viaggi nello spirito».**

«Ci sono due domande che un uomo deve porsi» gli disse il vecchio saggio. «La prima è: "Dove sto andando?". La seconda: "Con chi ci voglio andare?". Se mai dovessi porti queste domande nell'ordine sbagliato, ti troveresti nei guai.»

* Lettera inviata alla rubrica «Questioni d'amore» del «Corriere.it».
** Sam Keen, *Nel ventre dell'eroe*, Frassinelli, Milano 1993.

Il guado

Marco Polo descrive un ponte, pietra per pietra.

«Ma qual è la pietra che sostiene il ponte?» chiede Kublai Kan.

«Il ponte non è sostenuto da questa o quella pietra – risponde Marco – ma dalla linea dell'arco che esse formano.»

Kublai Kan rimane silenzioso, riflettendo. Poi soggiunge: «Perché mi parli delle pietre? È solo dell'arco che mi importa».

Polo risponde: «Senza pietre non c'è arco».*

Le «pietre» – voglio dire: i racconti di questo libro – sono finite: non perché non ce ne siano altre; anzi, sarebbero innumerevoli le testimonianze che ancora si potrebbero aggiungere.

Ma dalle storie finora raccontate si possono già trarre molti elementi per tracciare un arco di riflessione sulla sofferenza, i conflitti, le speranze, e qualche volta la crescita, di coloro che si affacciano sull'orlo dell'età matura e se ne ritraggono sgomenti.

* Italo Calvino, *Le città invisibili*, Mondadori, Milano 1996.

Forse quegli uomini sarebbero meno inquieti se non si sentissero isolati nella propria angoscia, convinti di essere i soli a vivere le incertezze di chi si trova in mezzo a un guado e non sa decidersi su come affrontare il tratto che resta per raggiungere l'altra riva.

In realtà, se tante persone, nello stesso periodo della propria vita, vivono, ciascuna a suo modo, disagi analoghi, vuol dire che non si tratta di incidenti privati, ma di tappe di un percorso inevitabile e condiviso.

I tracciati delle vicende individuali raccontano, sì, le fasi della vita dei singoli, ma si incrociano anche con le mutazioni della società a cui i singoli appartengono.

Le crisi nascono da condizioni particolari, sono dettate dal carattere doppio di una modernità che ci fa sperimentare ogni giorno il pieno e il vuoto, il facile e il difficile, l'estendersi e il contrarsi.

Quando le vicende personali rendono acuto e doloroso il senso di inadeguatezza e di angoscia nei confronti del futuro si è portati a isolarsi, nell'affannoso tentativo di inventare modi facili per superare le sfide.

La regressione a volte sembra offrire un confortevole riparo, ma non può diventare uno stato permanente. In altre parole, lasciarsi illudere dall'idea che, tornando indietro nel tempo e ancorandosi a periodi della propria esistenza nei quali ci si sentiva forti e sicuri, si possano cancellare i segni lasciati dagli anni e dalla vita, non risolve il problema.

Le malinconie, i rimpianti, le memorie possono colorare in modo struggente il vivere quotidiano, ma, soprattutto a cinquant'anni, quando la lontananza dalla giovinezza comincia a farsi più evidente, tendono a diventare correnti tossiche e ad alterare gli equilibri necessari per conservare un buon rapporto con la realtà.

Non riuscire a staccarsi da quello che è stato può essere contro la vita: rischia di pietrificare ogni evoluzione, qualsiasi crescita.

La Bibbia racconta che, mentre Sodoma e Gomorra si inabissavano nella gigantesca crepa nella quale oggi si trova il Mar Morto, la moglie di Lot, infrangendo il divieto di voltarsi indietro, fu trasformata in statua di sale.

Non voglio certo minacciare i cinquantenni, facendo balenare davanti a loro terribili castighi biblici, ma metterli in guardia contro i rischi del non guardare avanti.

Molti degli uomini raccontati in questo libro hanno tentato semplicemente di rifiutare una situazione che non li soddisfaceva e introdotto nella loro vita cambiamenti risultati poi fittizi e temporanei.

Purtroppo, né il desiderio né il rimpianto e men che meno il sogno di un'eterna giovinezza possono imprimere alla realtà l'andamento che più ci piacerebbe.

***

La persona saggia non dimentica mai che a determinare la rotta, a indicare il nord, è sempre e comunque l'ago magnetico della bussola.

Gli uomini avventati, invece, si affidano al loro intuito, quasi che il nord appartenesse al novero delle scelte soggettive, e finiscono per perdersi.

Questo dicono i vecchi marinai.

Seguire una rotta non significa, naturalmente, opporsi a qualsiasi cambiamento e, quando occorre, anche a rivedere e correggere scelte del passato che si sono rivelate infelici o inadeguate.

Ciò che sarebbe importante verificare ogni volta è che le scelte di cambiamento siano dettate dall'evoluzione della propria identità e dalla consapevolezza delle proprie aspettative, e non siano invece i subdoli «antidoti» contro la paura del tempo che passa.

È possibile, per esempio, che un matrimonio sia stato tenuto in vita dal dovere o dai figli e che riveli, dopo molti anni, tutta la sua inadeguatezza. In tal caso decidere di compiere il resto del cammino ciascuno per conto proprio può essere, sia pure tra dubbi e sofferenze, un modo coraggioso di rimettersi in gioco.

Le emozioni e i sentimenti non restano in eterno immutabili; col tempo si trasformano, si animano, si rinnovano, e spesso gli affetti più sani sono quelli basati su un certo grado di flessibilità.

I legami rigidi, sempre uguali a se stessi, col tempo si rattrappiscono nella loro monotonia e corrono più o meno velocemente verso l'estinzione.

Nelle vecchie case, quelle che hanno ancora le solette in legno, si avverte, quando si cammina con passo deciso, un inquietante ondeggiare del pavimento. Proprio da quelle leggere oscillazioni – spiegano gli esperti – derivano la stabilità e la sicurezza dell'edificio.

Naturalmente il punto cruciale è rappresentato dalla «soglia critica», oltre la quale l'instabilità, edilizia o emotiva, cessa di essere funzionale e diventa un inesorabile avvio allo sgretolamento.

Non esiste e non può esistere alcuna regola che aiuti a individuare quella soglia.

Governare le incertezze del «passaggio» che ci porta alla vecchiaia è una delle prove più difficili, nella vita dell'uomo.

Non so se dalla lettura delle storie raccontate in queste pagine si possano trarre indicazioni o suggerimenti su come dirigere l'instabilità che pervade le emozioni di chi compie cinquant'anni.

In genere nello specchio opaco delle vicende degli altri

è sempre possibile rintracciare un tratto, un'espressione, un modello che ci appartengono o ci convincono.

***

Mi piacerebbe che questo libro promuovesse qualche riflessione contro il luogo comune che vede nel cinquantenne irrequieto un essere inconsistente, egoista e immaturo.

È un uomo diviso, sconcertato e confuso quello che viene a chiedere aiuto allo psicoterapeuta; si porta dentro, di solito, la voglia di un mutamento che da una parte lo seduce e lo attrae, dall'altra minaccia le sue sicurezze e la sua stessa identità. Ma non è diventato all'improvviso – se non lo era già prima – una persona vuota e irresponsabile.

È giusto o almeno comprensibile che le mogli lasciate, profondamente ferite come sono dai tradimenti e dagli abbandoni, descrivano i loro uomini guardandoli attraverso la lente deformante della sofferenza e del rancore: come campioni di egoismo, emotivamente ottusi, bugiardi, scorretti, anaffettivi, velleitari, illusi, manipolabili...

«Ma come ha fatto, signora» domando in quei casi, «a vivere tanti anni con un uomo simile?»

Di fronte al crollo della propria vita matrimoniale queste donne vedono, almeno all'inizio, solo macerie per se stesse e per gli altri; e quelli che sono stati loro compagni per un lungo tratto di vita più o meno felice diventano ai loro occhi mostri senza remissione.

Ma il dolore e l'umiliazione delle mogli non possono essere l'unico codice di riferimento per comprendere e valutare i cinquantenni smarriti.

È importante sapere ciò che erano prima che esplodesse la crisi per farsi un'idea più rispettosa e vicina alla realtà.

***

Trovandosi a fare i conti con tempeste emotive a cui erano impreparati, gli uomini si spaventano, regrediscono e scardinano altro che i propri matrimoni.

Questi «adolescenti di ritorno», come vengono definiti, dovrebbero quindi essere valutati nell'interezza dei loro comportamenti e insomma giudicati per ciò che sono, non solo per ciò che fanno in quella difficile e contraddittoria parte della loro vita.

È probabile che le donne – in situazioni di disagio – regrediscano meno, perché sanno che non troverebbero, tornando indietro, alcun rifugio accogliente e protettivo come quelli a cui gli uomini sono abituati proprio dalle loro compagne.

Paradossalmente si potrebbe dire che gli uomini regrediscono di più perché si sono enormemente ridotte, per loro, le concrete possibilità di fuggire.

Se una volta facevano avventurosi viaggi nel vasto mondo per esplorare territori ignoti, adesso che nessun luogo è lontano, sono costretti a viaggiare nel tempo.

Riesumare il passato e dilatare il presente sono due insidiosi espedienti per abolire il tempo, rallentandone i battiti e prolungandone le illusioni sospese. Ma, se si ferma il tempo, si ferma anche quel fondamentale bisogno umano che è la speranza.

Chi si può permettere di vivere senza sperare?

Non i giovani, non i vecchi, e non certo i cinquantenni che, superato il temuto crinale, devono comunque continuare il loro viaggio portandosi dietro, come il Renzo manzoniano, «le gran cose che ci aveva imparate, per governarsi meglio in avvenire».

***

Ed eccole, raggruppate in un decalogo, alcune delle «gran cose» necessarie per non ammalarsi di quell'insidiosa «adolescenza terminale» che ferma il tempo e uccide la speranza.

Decalogo del cinquantenne

• *Licenziate la mamma* (non l'anziana signora a cui giustamente volete bene, ma il fantasma femminile misterioso e potente che portate dentro e vi rende dipendenti).

• *Tracciate e difendete i vostri confini* (c'è una zona del vostro Io che deve restare inaccessibile a chiunque non sia stato espressamente invitato; fortificatela e non perdetela mai di vista).

• *Riprendetevi la vostra immagine* (un uomo ha bisogno di definire se stesso indipendentemente da quello che le donne pensano di lui).

• *Controllate il vostro «ritratto»* (non ignorate i minuti cambiamenti che avvengono in voi; integrateli al vostro Io giorno per giorno, per non incontrarli, tutti insieme e con spavento, nello specchio del cinquantesimo compleanno).

• *Non confondete le risposte con le domande* (la voglia di fuggire è spesso un modo per non rispondere a quesiti più sostanziali e profondi).

• *Spolverate i sogni* (non lasciateli lì a invecchiare per riscoprirli poi quando sono diventati chimere).

• *Non sentitevi un frammento sfuggito alla propria orbita* (il vostro problema non riguarda voi soltanto, ma è il frutto di profonde mutazioni della società di cui fate parte).

• *Innamoratevi se volete e avventuratevi verso nuovi percorsi affettivi* (ma accertatevi di farlo per amore, non per depressione mascherata).

• *Conciliate i vostri cambiamenti con i tempi e i ritmi di chi vi vive accanto* (ciò che ha modificato voi, non può di colpo cambiare anche gli altri).

• *Non permettete a nessuno di dirvi ciò che dovete fare* (anche di questo «decalogo» prendete solo ciò che vi serve; il resto mettetelo da parte: vi tornerà utile, forse, per la crisi degli ottant'anni).

Bibliografia

Barash, D., Lipton, J.E., *Il mito della monogamia*, Cortina Editore, Milano 2002

Barbagli, M., *Provando e riprovando*, Il Mulino, Bologna 1990

Barbaras, S., *La Rupture pour vivre*, Laffont, Paris 1999

Baudrillard, J., *Della seduzione*, Cappelli, Bologna 1980

Bettini, M., *Il ritratto dell'amante*, Einaudi, Torino 1992

Bly, R., *La società degli eterni adolescenti*, Red, Como 2000

-, *Per diventare uomini*, Mondadori, Milano 1992

Borges, J.L., *Altre inquisizioni*, in *Tutte le opere*, vol. I, Mondadori, Milano 1986

Bourdieu, P., *La Domination masculine*, Seuil, Paris 1998

Brenot, P., *Inventer le Couple*, Odile Jacob, Paris 2002

Calvino, I., *Le città invisibili*, Einaudi, Torino 1972

Campbell, J., *L'eroe dai mille volti*, Guanda, Milano 2000

Cournut, J., *Pourquoi les Hommes ont peur des femmes*, PUF, Paris 2001

Farrell, W., *Perché gli uomini sono come sono*, Frassinelli, Milano 1988

Francescato, D., *Quando l'amore finisce*, Il Mulino, Bologna 1992

Ginsborg, P., *Storia d'Italia dal dopoguerra a oggi*, Einaudi, Torino 1989

Guillot, P., *Quand les Hommes parlent*, Le Souffle d'Or, Barret-sur-Méouge 2002

Hawthorne, N., *Wakefield e altri racconti*, Bompiani, Milano 2003

Keen, S., *Nel ventre dell'eroe*, Frassinelli, Milano 1993
Kierkegaard, S., *Diario del seduttore*, Rizzoli, Milano 1990
Kiley, D., *Gli uomini hanno paura di crescere*, Rizzoli, Milano 1985
Lasch, C., *La cultura del narcisismo*, Bompiani, Milano, 1992
Magli, I., *La sessualità maschile*, Mondadori, Milano 1989
Mancia, M., *Nello sguardo di Narciso*, Laterza, Roma-Bari 1990
Mitchell, S., *L'amore può durare?*, Cortina Editore, Milano 2003
Monick, E., *Phallos. Il maschile nel mito, nella storia, nella coscienza d'oggi*, Red, Como 1989
Muldworf, B., *Il mestiere di padre*, Editori Riuniti, Roma 1975
Olievenstein, C., *La scoperta della vecchiaia*, Einaudi, Torino 1999
Pasini, W., *Volersi bene, volersi male*, Mondadori, Milano 1993
Pease, A. e B., *Pourquoi les Hommes et les femmes pleurent*, First Edition, Paris 2002
Piazza, M., *Le ragazze di cinquant'anni*, Mondadori, Milano 1999
Rauch, A., *Le premier Sexe*, Hachette, Paris 2000
Rezzori, G. von, *Disincantato*, Sellerio, Palermo 1995
Risé, C., *Il maschio selvatico*, Red, Como 2002
Sansot, P., *J'ai renoncé a vous séduire*, Desclée de Brouwer, Paris 2002
Scarf, M., *Vita a due*, Frassinelli, Milano 1988
Schwanitz, D., *Uomini: una specie sotto esame*, Corbaccio, Milano 2002
Sheehy, G., *Il passaggio muto*, Rizzoli, Milano 1993
Turnaturi, G., *Tradimenti*, Feltrinelli, Milano 2000
Watzalawick, P., *Change*, Astrolabio, Roma 1974

Ringraziamenti

Prima di concludere questo lavoro sento il bisogno di esprimere il più affettuoso ringraziamento a tutti gli amici che mi hanno messo a disposizione, con generosa disponibilità, informazioni, storie, spunti bibliografici e cultura personale.

Fra i tanti «regali», in particolare, ricordo:

gli stimoli e i preziosi approfondimenti di Luigi Castagnola;

le pacate e illuminanti riflessioni di Pierette Lavanchy;

le chiavi di accesso alla psicologia maschile di Giorgio Abraham;

i riferimenti storici e culturali di Nando Fasce;

le inesauribili e vivaci indicazioni bibliografiche di Chiara Ghiglione.

Ringrazio inoltre gli «uomini altrove» e le donne che mi hanno raccontato le loro storie sia in studio sia attraverso le lettere inviate alle mie rubriche in «Corriere Salute», «Corriere.it», «Donna moderna».

«Uomini altrove»
di Gianna Schelotto

Collezione Ingrandimenti

Arnoldo Mondadori Editore

Finito di stampare nel mese di febbraio 2004
presso Mondadori Printing S.p.A.
Stabilimento NSM di Cles (TN)

Stampato in Italia - Printed in Italy